民用航空法规（第2版）

Civil Aviation Regulations（Second Edition）

王剑辉　杨运贵　武丁杰　向　征◎主　编

西南交通大学出版社

·成　都·

图书在版编目（CIP）数据

民用航空法规 / 王剑辉等主编. -- 2 版. -- 成都：
西南交通大学出版社，2025. 6. -- ISBN 978-7-5774
-0428-8

Ⅰ. D922.296

中国国家版本馆 CIP 数据核字第 2025KQ9079 号

Minyong Hangkong Fagui (Di 2 Ban)

民用航空法规（第 2 版）

王剑辉　杨运贵　武丁杰　向　征／主　编

策划编辑／秦　薇
责任编辑／邵莘越
责任校对／左凌涛
封面设计／吴　兵

西南交通大学出版社出版发行

（四川省成都市金牛区二环路北一段 111 号西南交通大学创新大厦 21 楼　610031）
营销部电话：028-87600564　　028-87600533
网址：https://www.xnjdcbs.com
印刷：四川森林印务有限责任公司

成品尺寸　185 mm×260 mm
印张　8.75　字数　213 千
版次　2017 年 6 月第 1 版　　2025 年 6 月第 2 版
印次　2025 年 6 月第 1 次（累计印刷 10 次）

书号　ISBN 978-7-5774-0428-8
定价　32.00 元

课件咨询电话：028-81435775

前言（第2版）

　　近些年，民用航空的发展日新月异，航空运输类方面的法律规章等也均相应做出了推陈出新的调整和修订。鉴于此，本书在《民用航空法规》第一版的基础上，介绍更为详尽与全面，弱化了"飞行技术专业系列教材"的特点，兼顾了飞行人员和地面人员的使用需求。尤其是针对性地梳理与阐释了各地面交通运输相关专业领域的航空法规，章节划分更为紧凑和合理，所有章节相关法规都更新至2024年最新版本，增加了每章小结，便于学习掌握知识重点。

　　本书基本沿用第一版章节划分，但根据法规体系的组成划分得更加细致，由原来的八章增加到十章，主要是把原第四章"华沙体制、航空刑法体系"拆分为独立的两章"华沙体系"和"航空刑法体系"，把第七章"中国民航运行和飞行规则"拆分成更为具体的两章"民用机场及运行管理"和"中国民航空中航行和运行规则"。具体来讲，本书新版第一章"绪论"，内容基本保持不变，调整了节的名字和顺序，使内容更为合理；第二章"《国际民用航空公约》体系"，内容没有变动；第三章"航空法规主管机构"，内容基本没有变动；第四章"华沙体系及《罗马公约》"，从原版第四章中拆分出来，独立作为一章，内容基本没有变动；第五章"航空刑法体系和《北京公约》"，从原版第四章中拆分出来，独立作为一章，主要增加了第二节涉及2010年《北京公约》和《北京议定书》的相关内容；第六章"航空器及适航管理"，内容基本保持不变；第七章"航空人员及技术管理"，大幅度缩减了民用航空器驾驶员执照管理相关内容，拓展为适用飞行人员和地面人员的共同需求，侧重地面交通运输专业领域相关专业人员的技术管理；第八章"民用机场及运行管理"，从原版第七章第七节拆分出来，独立作为一章，分为"民用机场"和"民用机场的运行管理"两节，沿用了原来的顺序，但该部分相关法规内容更新较快，大部分内容都做了修订；第九章"中国民航空中航行和运行规则"，从原版第七章第一节至第六节拆分出来，独立作为一章，按照相关规章的特点分为第一节"中国民航空中航行规则"和第二节"中国民航航空运行规则"，第一节中增加了适用地面交通运输专业的《民用航空空中交通管理规则》和《民用航空情报工作规则》两部规章的内容，第二节大幅度缩减了三部运行规章《一般运行和飞行规则》《小型商业运输和空中游览运营人运行合格审定规则》和《大型飞机公共航空运输承运人运行合格审定规则》中具体运行要求相关的内容；第十章"搜寻援救和事件调查"，内容来自第一版第七章第八节"告警服务与搜寻援救"和第八章"安全管理"相关内容，章节名称完全不一样，结构进行了优化，更新了最新版规章的内容，增加《生产安全事故报告和调查处理条例》对事故的分类和新规章《民用航空安全管理规定》（CCAR-398部）的相关内容。

通过此次修订，本书不仅能与时俱进地跟上行业规章整体调整与修订的时代步伐，也可以在交通运输系统领域兼顾各类地面专业人才的学习需求；惟愿让更多感兴趣的读者从中受益，祈盼让新老法规一并焕发青春！

编　者

2025 年 3 月

前言（第1版）

俗语云：“国有国法，行有行规。”航空法就是旨在调整空气空间的合理利用，并使航空活动、社会公众和世界各国从中普遍受益的一整套规则。民用航空有关活动中产生的各种社会关系，诸如航行的原则和技术规范、航空运输管理与发展等，无一例外地受到一整套法规体系的约束和指导。本书涉及众多国际和国内航空法体系架构与技术规范，主要内容包括法规基础知识、我国加入的国际多边条约、国际标准和建议措施、航行服务程序、国内航空法律、国务院关于民用航空的行政法规、中国民用航空规章等。书中系统介绍了国际民航组织和中国民航局关于空中航行、空中交通管理、航空人员管理、适航管理、机场管理、运输营运、防止非法干扰、搜寻援救和安全管理等与民用航空运行有关的法规，有助于读者理清各种民航法规之间的纵、横向联系，熟悉掌握相关专业领域的各种技术规章，为读者在民航岗位工作中正确理解和严格执行有关航空法规奠定理论基础。

当前，国际民用航空的航行技术规范不断推陈出新，航空运输运行经营深化发展。随着新的国际标准和建议措施陆续颁发更新，我国民航的立法工作以及与国际接轨的呼声高涨，国内的各级法律规章的更新修改也层出不穷。鉴于航空法规更新、修订颁发频繁之特点，与之对应的法规课程教学培训工作也应与时俱进。近年来，民航局飞标、空管、适航等部门纷纷设立法规政策机构，重视原有法规查漏补缺的新增和细节修订工作，从法规先行的审计检查工作开始，相继调整了民航各技术领域相关人员以执照、训练管理为主的规则规章，对航空院校的飞行、管制和签派等专业的人才培养影响尤甚。

本书正是面向新形势下的执照考核规定要求而编撰的，主要参照了公约及附件的相关国际标准，依据我国法规主管机构颁发或修订的最新相关规章，梳理了飞行技术领域内众多相关知识点，在保留国际国内法规体系的基础上调整了局部章节架构，订正了个别不再适用的过时内容，深入细化地展现了飞行技术专业的几部重要相关规章，可重点突出、有的放矢地提供针对性更强的教学培训模式。本书致力于兼顾局方培训需求，具备“着眼国际接轨、紧贴教学大纲、面向执照改革、突出民航特色”的特点，以期在提高航空法规课程教学质量和水平的同时，为读者和相关专业的执照考核提供有针对性的理论参考。

本书在中国民航飞行学院内部发行教材《民用航空法规导论》的基础之上，前后通过三次修订，经飞行学院教务处、飞行学院空管学院督导、协调和安排，由航空法规学科组、飞行执照理论考核专家组成员承担编写工作。全书由王剑辉担任主编，武丁杰和向征担任副主编，黄龙扬、孔金凤、杨运贵等其他教员完成了审定、校对等细节工作，在此对参编的各位骨干教师的呕心付出一并表示感谢。

　　诚然，与方兴未艾的民航事业发展相比，我国航空法学的研究还处于初级认知与融合汲取的发展阶段。本书主要以介绍评析国际、国内相关航空法规规章为主，侧重于飞行技术领域内的航行原则与规范，其诸多理论和重大实践问题尚待进一步求索和探究。另外，因法规本身具有更新、修订频繁的特点，在内容的全面性和时效性上很难做到周全、详尽。受限于时间要求和编者水平，书中不妥与疏漏在所难免，盼请各位专家和读者不吝赐教。谢谢！

编　者

2017 年 3 月

目 录

第一章 绪 论 ………………………………………………………………… 001
    第一节 航空法的概念和渊源 ………………………………………… 001
    第二节 航空法的发展历史 …………………………………………… 002
    第三节 航空法的体系结构 …………………………………………… 005
    第四节 航空法的特征和作用 ………………………………………… 009

第二章 《国际民用航空公约》体系 ………………………………………… 013
    第一节 《国际民用航空公约》 ……………………………………… 013
    第二节 《国际民用航空公约》的附件及程序 ……………………… 021

第三章 航空法规主管机构 …………………………………………………… 028
    第一节 国际民用航空组织 …………………………………………… 028
    第二节 其他国际组织 ………………………………………………… 031
    第三节 我国航空法规主管机构 ……………………………………… 036

第四章 华沙体系及《罗马公约》 …………………………………………… 043
    第一节 华沙体系 ……………………………………………………… 043
    第二节 《罗马公约》 ………………………………………………… 047

第五章 航空刑法体系及《北京公约》 ……………………………………… 050
    第一节 航空刑法体系 ………………………………………………… 050
    第二节 《北京公约》 ………………………………………………… 057

第六章 航空器及适航管理 …………………………………………………… 059
    第一节 航空器的定义与分类 ………………………………………… 059
    第二节 民用航空器的国籍和登记 …………………………………… 060
    第三节 民用航空器的权利 …………………………………………… 062
    第四节 民用航空器的适航管理 ……………………………………… 063

第七章 航空人员及技术管理 ………………………………………………… 067
    第一节 航空人员概述 ………………………………………………… 067
    第二节 民用航空驾驶员的技术管理 ………………………………… 071

第三节　飞行签派员的技术管理 ··· 076

第四节　空中交通管制员的技术管理 ··· 077

第五节　民用航空情报员的技术管理 ··· 081

第八章　民用机场及运行管理 ·· 085

第一节　民用机场 ··· 085

第二节　民用机场的运行管理 ·· 087

第九章　中国民航空中航行和运行规则 ··· 091

第一节　中国民航空中航行规则 ·· 091

第二节　中国民航航空运行规则 ·· 107

第十章　搜寻援救与事件调查 ·· 112

第一节　搜寻援救 ··· 112

第二节　事件调查 ··· 117

第三节　安全管理 ··· 122

参考文献 ··· 131

第一章 绪 论

航空法学起源于欧美的航空实践活动，其历经时代发展变革和民航运输实践，已逐步发展形成了一整套成熟完备的规章规则体系，并极大地促进了当今各国航行原则技术和运输规划的发展。当前，我国的航空运输业已经取得了举世瞩目的成就，正处于由民航大国向民航强国历史性跨越的战略机遇阶段，民航依法治理深入人心，航空立法方兴未艾，基本上形成了以《中华人民共和国民用航空法》（简称《民航法》）为主干的航空法规体系。随着民航国际化进程的加快及各类航空人员执照管理的变革，业内相关人员掌握民用航空法规知识的重要性极大地凸显出来。

航空的出现和发展，催生了飞行活动中个人、协作者之间、管理机构之间以及国家与国家之间的复杂的社会关系。就民用航空而言，它主要是一种经济活动。航空科学技术、航空运输企业以及为航空服务或与其有关的经济部门已组成一国经济结构中的重要门类，这就必然要求建立与之相适应的一整套法律制度，以保障并促进民用航空事业的发展。由此决定了航空法作为一种单独的法律门类，航空法学作为一门新兴、独立学科的存在价值。

第一节 航空法的概念和渊源

一、航空法的概念

早期各国航空法学者为概括表述航空法的特征与实质，对航空法所下定义主要有三类：

第一种说法颇具概括性："航空法是一套关于飞机、空中航行、航空商业运输，以及由国际国内空中航行引起的，公法或私法的全部法律关系的国内国际规则。"

第二种定义为："航空法是一套支配由航空活动引起的或经其修改的制度与法律关系的，公法与私法，国际与国内的原则与规范。"

第三种定义为："航空法是调整空气空间的利用，并使航空、公众和世界各国从中受益的一套规则。"

历史上关于航空法的种种概念不一而足却殊途同归。比较而言，各国对航空法的理解侧重不同，但框架、结构、内容等却大同小异。《国际民用航空公约》（俗称《芝加哥公约》）这一当今国际民航界所有法律规范的基础和宪章，已经成为现今国际法的重要组成部分。

综上，我们可将"航空法"这一舶来的概念简要且严谨地定义为：航空法是调整因民用航空和与民用航空有关的活动而产生的各种社会关系的法律规范的总称。

该定义中，法规的研究范围仅仅限于民航活动或与民航相关的航空活动，这排除了以军事空防为目的的航空行为。因此，严格地讲，"航空法"或"航空法规"前面均应冠以"民用"二字。另外，其研究对象是各种相关航空法律法规的总称，说明不单只是某一部或几部法典规章。所以，航空法是广义而非狭义的。

二、航空法的渊源

迄今为止，在航空领域的几十个国际多边公约中，正在生效并普遍适用的有三大系列的五大公约，其俗称分别是：1944年《芝加哥公约》、1929年《华沙公约》、1963年《东京公约》、1970年《海牙公约》和1971年《蒙特利尔公约》。这些历经时代变迁和民航发展而影响至今的多边国际条约，是实现统一国际航运规则的主要渊源。

第二次世界大战以后，以1944年《芝加哥公约》等主要公约为指导，各国两两之间签订了近两千多个双边协定，用以交换过境权和营运权，确定航路、运力和运费价格，这些协定被称为国际航空运输过程中的"双边协定"，它们显然不同于多边条约，但均有其共性规则和适用模式。

各国对国际法中的某些条款的解释与适用，通常需要参照该国国内法。例如，在航空刑法领域，公约只规定哪些行为构成犯罪、哪一国有刑事管辖权、应不应该起诉等问题，至于取证、量刑、判处等一系列实体法或程序法问题，各国则依照本国刑法和刑事诉讼法来进行。所以，各国法院的判例表明了该国对国际法中的某些条款的解释与适用。

航空法作为国际法的一个门类，受到国际法一般原则和习惯国际法的制约。《联合国宪章》及国际法中其他有关条约法的规则，对航空法同样适用。如：条约的缔结、批准、生效、修改、加入、退出、解释等规则，以及条约的继承等问题。

此外，国际法中与航空法有密切关系的姊妹学科，如海洋法、海商法和外空法中的许多规则也早已被借鉴到航空法中。

以上罗列种种，都可以看作是现今国际民航法的渊源。但是现今用以指导各国民航发展的统一规范，在很大程度上是指由1944年《芝加哥公约》衍生出的附属性文件，即由国际民航组织（International Civil Aviation Organization，ICAO）理事会审议通过的"国际标准与建议措施"，并将其作为公约的附件以法律形式固定下来。迄今已有19个技术领域内的附件，虽然这19个附件是执行公约条款的技术性细节，但其中不乏重大的法律问题，因其涉及相关领域内的国际标准，是各国航空立法必然参考并遵照的基本依据。

最后，还应提到国际航空运输协会（International Air Transport Association，IATA）。这一组织在法律地位上难以与国际民航组织比肩，因为它是各国航空公司之间的行业组织，但其具有半官方地位，它所通过的决议，经有关国家批准生效后也可成为重要的法律文件。

第二节　航空法的发展历史

航空法作为一种上层建筑，它的发展离不开航空社会实践活动。航空活动的历史发展过程，可分为萌芽、活跃、不断成熟与完善三个时期。

一、萌芽时期（1783—1914年）

在第一次世界大战以前，人类的航空活动基本上处于实验阶段。当时的热气球、滑翔机、简易飞机的各种性能还不稳定和成熟，仅用于执行军事使命，还谈不上作为运输工具运送旅客、货物和邮件。

1783 年，人类历史上最早的航空活动诞生，法国人蒙特高尔夫（又译蒙特哥尔非）兄弟发明了第一个载人气球。1784 年，法国巴黎警方颁布命令，规定凡从事气球飞行必须事先获得批准。这一道法令，后来被看作航空法规发展历史上的第一道法律条例。

1785 年，蒙特高尔夫式热气球由人驾驶，成功飞越了英吉利海峡。

1849 年，出现了历史上最早的空袭：奥地利人把定时炸弹挂装在热气球上，袭击威尼斯。

1855 年，出现了第一个重于空气的非机动飞行器：滑翔机。

1889 年，法国政府邀请欧洲 19 个国家在巴黎召开第一次讨论航空法的国际会议，由于各国对航空法的一些基本问题存在意见分歧，这次会议及以后几次会议未产生任何成果。

1902 年，在国际法学会的布鲁塞尔年会上，法国著名法学家福希尔提出了人类第一部航空法典的建议草案——《浮空器的法律制度》。

1903 年，美国的莱特兄弟成功地驾驶一架有动力装置的重于空气的航空器——飞机——进行了飞行。飞机的发明，成为航空发展史上的里程碑事件。很难想象，如果没有莱特兄弟的创举，今天的民航事业是个什么模样。

1904 年，沙皇俄国在其领空击熔了德国的热气球。这一次"气球事件"，引发了国际社会广泛的争论，这是第一次整个国际社会都普遍关注主权原则。

1910 年，欧洲 19 国又聚集巴黎，讨论国际航空立法问题。但因对空气空间的法律地位（即选择航空自由还是领空主权）的问题还是不能达成一致意见，未有实质性成果。

由此可见，航空活动的发源地在欧洲。这个时期，欧洲主要国家在国内作了一些立法的初步尝试，但不系统，还谈不上成套规则。但萌芽时期内航空活动的每一次实践与进步，均为后来航空法的颁布奠定了基础。

二、活跃时期（1914—1944 年）

在第一次世界大战（1914—1918 年）期间，飞机开始作为一种有效的作战工具或武器，大显神通。受到战争刺激，各国纷纷投入科技力量对飞机性能进行了大幅度提高和改进。以英国为例，1914 年战争刚爆发时仅有军用飞机 12 架，到 1919 年战争结束时已拥有 2.2 万架飞机。各国从航空技术的进步中认识到飞机作为一种新型的运输工具，具有无限的发展前途。同时，战争的实践也对航空国际法律制度上的统一认识起了重要推动作用。战后，民用航空发展前景的逐渐明朗，推动了国际航空立法的第一次革命，这个时期的航空国际文件，为后来的国际航空发展奠定了良好的基础。

1916 年，未参与一战的美洲大陆各国，在智利首都圣地亚哥举行的泛美航空会议上，通过了一套原则，即"对领土之上的空气空间拥有主权，航空器必须具有国籍，应涂有本国标记，美洲国家飞机在美洲国家间可自由航行"。

1919 年初，第一个国际定期航班——巴黎往返布鲁塞尔定期国际航班开通；同年，巴黎至伦敦定期国际航班开通；欧洲各国首都之间的国际定期航线建立起来；横跨大西洋的航空实验取得成功；世界上最早的经营国际民用航空运输的航空公司——荷兰皇家航空公司（KLM）建立，国际航空业迎来了"早春"。

1919 年，在一战后的巴黎会议上，第一个国际航空法典——《关于管理空中航行的公约》（通称 1919 年《巴黎公约》）顺利制定。该公约在航空法发展史上具有开创性地位，以英法为代表，主要涉及内容包括"领空主权、无害通过权、航空器国籍原则、驾驶人员合格证、空中规则"。1919 年《巴黎公约》的最大历史贡献，在于其首次承认领空主权的国际性基本准则，并第一次赋予航空器国籍身份。在巴黎和会上还成立了国际空中航行委员会，它是今天国际民航组织的前身。

1925 年，以欧洲为主的 43 国在巴黎举行第一次航空私法国际会议，这次会议产生了"航空法专家国际技术委员会"，其职能相当于后来国际民航组织中的"法律委员会"。

1926 年，西班牙由于不满《巴黎公约》中的某些规定，拉拢 20 个拉丁美洲国家，另行签订了一个《利比利亚-美洲航空公约》，其基本规则与《巴黎公约》类似。

1928 年，美国也因对巴黎和会不满，与美洲国家签订了《泛美商业航空公约》（通称1928 年《哈瓦那公约》），除商业权利方面更为详细外，其他基本规则与《巴黎公约》较为类似。

以上 3 个多边国际公约，后来均被 1944 年缔结的《国际民用航空公约》取代。

1929 年 9 月，在华沙召开第二次航空私法国际会议，10 月 12 日制定了《统一国际航空运输某些规则的公约》（通称 1929 年《华沙公约》）。1929 年《华沙公约》主要涉及国际航运中的责任制度问题，其核心内容是航空事故损害赔偿的相关责任制度。它是后来逐渐形成的"华沙体系"的第一个基础文件，也是"私法"领域内较为典型的统一典范。

1933 年在罗马制定了《统一关于飞机对地（水）面第三者造成损害的某些规则的公约》（通称 1933 年《罗马公约》）。加入的国家只有 36 个，多为欧洲国家，且英国、美国、苏联、加拿大等航空大国未批准，此公约后再历经修订和补充，可作为国际航行对第三方事故损害的国际通行准则依据，但我国未加入。

三、不断成熟与完善时期（1944 年至今）

第二次世界大战把人类的航空科学技术推向一个新阶段。美国在战争中的有利地位，使它一跃而成为航空超级大国，取代了战前以欧洲为中心的局面。战后，美国在航空科学和制造远程飞机方面，在数量和质量上均处于绝对领先地位。

1944 年，二战虽未结束但已胜利在望，为规划战后定然会大发展的国际民用航空事业，美国总统罗斯福出面邀请 55 个同盟国和中立国出席 1944 年 11 月 1 日至 12 月 7 日在芝加哥召开的第一届国际民航会议，多个国家派遣代表出席了该会议，并签订了《国际民用航空公约》（通称《芝加哥公约》）以及两个附属性文件，该公约是当今国际民航的宪章性文件。当时德意日等"轴心国"无资格参加，苏联因不满某些中立国而没有派代表出席。

1948 年，制定了《关于国际承认对飞机权利的公约》（通称 1948 年《日内瓦公约》），加入的国家比较少，仅有 48 个，且多为欧洲国家，由于英国、美国、苏联、加拿大等航空大国也未批准，此公约不具有普遍的国际影响力，我国后来也未加入。1952 年，在罗马制定了《外国航空器对地（水）面第三方造成损害的公约》（通称 1952 年《罗马公约》）。仅有 36 个国家加入，且多为欧洲国家，英国、美国、苏联、加拿大等航空大国未批准。我国未加入。

涉及航空运输责任方面的华沙体系在经历若干次修订完善后逐步建立起来，包括 1955 年《海牙议定书》、1961 年《瓜达拉哈拉公约》、1966 年《蒙特利尔协议》、1971 年《危地马拉议定书》、1975 年四个《蒙特利尔议定书》以及 1999 年《新蒙特利尔公约》，前后一共九次修改，补充了 1929 年《华沙公约》的基础文件。其中 1999 年《蒙特利尔公约》与 1929 年《华沙公约》同名，意欲合并华沙体系的前 9 个文件，我国于 2004 年正式签署该公约，并于 2005 年开始生效。

在打击航空犯罪与非法干扰行为的刑法领域，20 世纪的 60 年代开始，先后缔结了形成后来航空刑法序列的三大公约，分别是 1963 年 9 月 14 日在东京签订的《关于在航空器内的犯罪及其他某些行为的公约》（通称 1963 年《东京公约》，俗称"反干扰公约"）；1970 年 12 月 16 日在海牙签订的《制止非法劫持航空器公约》（通称 1970 年《海牙公约》，俗称"反劫机公约"）；1971 年 9 月 23 日在蒙特利尔签订的《制止危害民用航空安全的非法行为公约》（通称 1971 年《蒙特利尔公约》，俗称"反破坏公约"）。

华沙体系与航空刑法序列两大体系作为《芝加哥公约》主体序列体系的补充，共同构成现今国际民航法最主要的三大体系，在三大体系奠定之后，国际航空法的发展进入相对稳定阶段。

综上所述，在不断成熟与完善的时期，当今国际民航的三大法规体系历经沿革逐步发展形成，它们分别是：以《国际民用航空公约》为主的《芝加哥公约》主体体系；以 1929 年《华沙公约》为基础的华沙体系；以及以 1963 年《东京公约》、1970 年《海牙公约》、1971 年《蒙特利尔公约》三大航空刑法公约为主形成的航空刑法体系。

第三节　航空法的体系结构

航空法调整的对象是民用航空有关的活动所产生的各种社会关系。近代西方的航空法（Air Law）体系，已将诸如飞行、空管、领航、适航、气象、情报、通导、运营、安全等子系统一并纳入航空法大体系。在航行原则技术领域内，普遍认为航空法规涉及的各技术领域主要有：领空主权、航空器国籍、航空器适航、航空器权利、人员执照、运输凭证、赔偿限额、空中规则、空中交通服务、通信气象导航保障、搜寻援救、事故调查、航空犯罪及海关移民检疫等。上述具体层面的法律规范，均可并入当今航空法规的体系结构中，航空法的体系结构可简单划分为国际航空法体系和国内航空法体系，具体如图 1-1 所示。

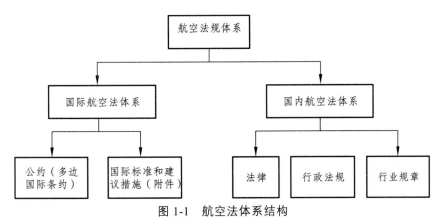

图 1-1　航空法体系结构

需要指出的是，随着近年来我国民航领域立法与修订工作的不断提高与完善，对国际法规体系中原从属于国际标准和建议措施（或 19 个附件）的航行服务程序，我们目前参照得更多也更细；对国内法规体系中原从属于行业规章（或专业规章）的各类规范性文件，如咨询通告、管理程序、管理文件、工作手册与信息通告等，我们现阶段拟定与颁发也越来越频繁。所以从广义的角度来看，航行服务程序（如 DOC4444 等）或各类规范性文件，也可看作法规体系架构中的重要内容。

一、国际航空法体系

（一）公约（多边国际公约）

公约是国际航空法的第一层次，由缔约国缔结，对签字国生效，具有法律效力，是国际航空法中法律级别最高的也是最重要的部分。但公约不是国家法之上的法律，缔约国政府批准公约则享有公约规定的权利并承担相应的义务，如果不批准或退出公约，则不享有公约规定的权利也无须承担相应的义务。

迄今在民用航空立法方面制定的国际公约共计 36 个，其中有的已被新的公约所取代或继承，有的或因签字国太少而不具有真正的"国际法"意义。目前国际公认且正在生效和普遍适用的只有三大系列的五个公约，我国均为这些主要公约的缔约国，如表 1-1 所示。

表 1-1　我国加入的有关民用航空的五大公约

缔结时间	公约全名	公约俗称
1944-12-07	《国际民用航空公约》	《芝加哥公约》
1929-10-12	《统一国际航空运输某些规则的公约》	1929 年《华沙公约》
1963-09-14	《关于在航空器内的犯罪及其他某些行为的公约》	1963 年《东京公约》
1970-12-16	《制止非法劫持民用航空器的公约》	1970 年《海牙公约》
1971-09-23	《制止危害民用航空安全的非法行为公约》	1971 年《蒙特利尔公约》

（二）国际标准和建议措施（附件）

1944 年缔结的《国际民用航空公约》，鉴于其独树一帜的法律地位，通称或俗称《芝加哥公约》并不加年份。该公约赋予国际民航组织理事会关于制定、通过和修改"国际标准与建议措施"的准立法权，将 19 个技术方面的"国际标准与建议措施"列入，即构成该公约衍生出的 19 个附件。《芝加哥公约》或许因缔结时间早而在某些方面无法与时俱进，但附件作为公约的附属性文件，具有独一无二的法律效力，对指导当今各国民航的统一性、标准性的规划与发展，起着至关重要的作用。

（三）航行服务程序

空中航行服务程序（Procedures for air navigation services，PANS）及相关手册、指南等，比"国际标准与建议措施"更详细、更具体。航行服务程序等较公约和附件更具有可操作性，尽管它们不比公约和附件那样具有法律效力，但其以详细的技术细节和良好的操作性，而逐步成为世界各国民航部门制定技术规范的主要参考。

二、国内航空法体系

我国国内航空法由法律、行政法规、行业规章三级构成。这一点与美国的航空法有相似之处，美国的民航法规基本由法律（Law）、法令（Order）和规章（Regulation）三部分构成。在我国，相对应的有航空法律、行政法规和相关专业规章，共同构成了一个比较完善的航空法律制度和规范体系，在航空活动的各个领域和各个方面基本实现了有法可依，为全面实行依法治航、保障航空改革与发展的顺利进行奠定了法制保障。

（一）法律

我国航空领域的法律较少，主要是指由全国人民代表大会常务委员会制定和修改的《中华人民共和国民用航空法》。

《中华人民共和国民用航空法》由民航局于 1979 年起草，后由国务院多次审议，经第八届全国人大常委会第十六次会议于 1995 年 10 月 30 日通过，后经 6 次修正，第 6 次修正时间为 2021 年 4 月 29 日。《中华人民共和国民用航空法》在我国民航法规中是最高级别的，是我国民航法规的"母法"。其制定目的是"维护国家的领空主权和民用航空权利，保障民用航空活动安全和有秩序地进行，保护民用航空活动当事人各方的合法权益，促进民用航空事业的发展"（《民航法》第一条）。

《中华人民共和国民用航空法》的主要内容很好地与民用航空三大系列的五个国际公约接轨，使国际法的规定在国内法中得以确认和保证实施。

与《国际民用航空公约》接轨的内容有：领空主权原则；授权民航局统一监督管理全国的民用航空活动并制定相应的行业规章；航空器的法律地位；航空人员的法律地位；民用机场管理；空中航行规则；通用航空；搜寻援救和事故调查；与所缔结的国际条约及国际惯例的关系以及罚则等。

与华沙体系接轨的内容有：民航法第三章民用航空器权利和第九章公共航空运输。

《中华人民共和国民用航空法》（第 191 ~ 199、第 212 条）、《中华人民共和国刑法》（1997 年修订，第 100 条、第 103 条、第 105 ~ 108 条、第 110 条、第 113 ~ 115 条、第 159 条、第 163 条、第 187 条）对国际航空刑法的四个文件进行了确认和量刑（包括立法管辖），并将适用范围扩大到国内飞行阶段。但国内法中有关"免除机长责任权"的内容不够明确，可能给机长和航空公司造成不必要的法律纠纷。

（二）行政法规

为保护民用航空的健康发展，由民航局负责起草，报国务院审议，由国务院（或联合中央军委）颁发关于民用航空的行政法规。

每一部行政法规具有一定程度的单一性，只就民用航空的某一方面单独成文。例如：《中华人民共和国民用航空器适航管理条例》《外国民用航空器飞行管理规则》《中华人民共和国民用航空安全保卫条例》等。

《中华人民共和国飞行基本规则》也属这一级别法规，考虑与军航系统的协调，该规则由国务院、中央军委联合颁发，内容涉及领空主权、空域管理、飞行管制、空中航行的飞行规则和飞行间隔等，而未涉及航空运输、经济利益等民事内容。我国境内凡拥有航空器的部门，包括空军、海军航空兵部队、海关、警察、民航、体委、航空俱乐部等，都应遵守该基本规则，因而该规则在航行方面具有"国家空中航行法"的性质。

（三）行业规章

第三级别的民航行业规章由民航局单独（或与有关部委联合）起草，以交通运输部部长、民航局局长（或联合）命令的形式颁发，通常编入中国民用航空规章，即 CCAR。一些重要新增或修订的民用航空规章，还会在《中国民航报》上刊登。

行业规章以国际民航组织 19 个附件为依据，以航行服务程序等国际民航组织的技术规范为参考，结合本国实际发展情况而制定，它们只能约束民航的相关部门。例如：《民用航空使用空域办法》（民航总局令第 122 号，CCAR-71 部）、《民用航空空中交通管理规则》（交通运输部令 2017 年第 30 号，CCAR-93 部）、《民用航空器飞行事故应急反应和家属援助规定》（民航总局令第 155 号，CCAR-399 部）等。

（四）规范性文件

民航局下属司、局或地区管理局颁发的规定、标准、程序、手册、指南等（包括咨询通告等，统称规范性文件）普遍意义上讲也属于广义的航空法规，其主要目的是更准确地执行有关法律规章。如：《中国民用航空空中交通管制程序标准》《中国民用航空无线电通话手册》等。

每一个航空人员都应熟悉航空法规的框架关系，并熟练掌握与本专业直接相关的行业规章。学习国际、国内各级别航空法律，做到心中有数，知法懂法，保证工作中遵章守纪，不违法违规。

国内航空法在很大程度上反映了国际法在我国的融合和体现，其中第三级法规"中国民航行业规章"（CCAR）才是对一、二级法律法规的细化，才能在航空运行组织实施的时候更具可操作性，也是执照要求乃至岗位需求之关键知识。

三、航空法相互关系

我国民航的国内法体系是以国际民航五大公约、国际标准和建议措施（即《芝加哥公约》的19 个附件）为蓝本，在符合我国宪法和法律的前提下，结合我国的实际发展情况而逐步完善的。

具体地看，各种法规之间的相互关系如图 1-2 所示。

其中，中间一列由上至下正是我国国内航空立法的三级框架，即法律、行政法规和行业规章，其纵向上存在上级法规指导下级规章的关系。另外，在横向上，这三级立法要受到国际多边公约、国际标准和建议措施、航行服务程序等的制约，以满足与国际接轨的需要。另外，由于我国军航、民航共同使用空域的现状，鉴于空防安全的需要以及在传统管理体制下的历史影响，我国的民航立法还要受到诸如《中华人民共和国飞行基本规则》、军航或空军飞行管制条例等的限制。可详细表述如下：

（1）宪法是我国的根本大法，所有领域和门类的法律法规皆应遵循并参照，因此国内任何民航法律、法规不能与之冲突；

（2）《中华人民共和国民用航空法》是我国民用航空的"母法"，在我国民航法规体系中居于核心地位；

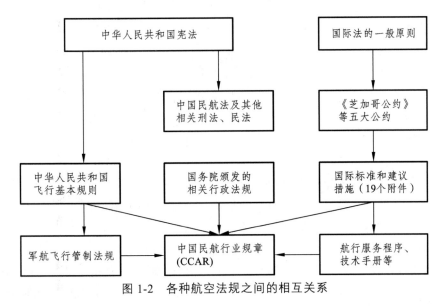

图 1-2　各种航空法规之间的相互关系

（3）刑法、民法等国内法中涉及民航的条款，也是民用航空法正常实施的保障；

（4）国务院颁发的行政法规是二级法规，用以约束与民航有关的部门，且弥补局方管辖上的缺陷；

（5）《中华人民共和国飞行基本规则》是一部特殊的二级法规，由国务院和中央军委联合颁发，被誉为"国家空中航行法"，军民航的飞行和管制均受到这部法规的制约，有利于统一全国飞行；

（6）军航飞行管制法规、协定等用于与军队系统的协调，对民航行业规章的立法存在一定限制，以适应国防建设的需要；

（7）在其他方面，调整国内法使之与所缔结的国际法相适应，满足和国际规范接轨的需要。

综上所述，在国际航空法中，《芝加哥公约》可以看作国际民用航空的宪章和基础；"国际标准和建议措施"（附件）是指导当今各国民航发展的主要统一性技术指导规范标准。对国内航空立法而言，三级框架所属法规的立法，首先要遵照宪法，并受相关刑法和民法的约束。其中刑法、刑事诉讼法等条款的调整，应适应航空刑法系列的三个公约；民法相关条文，如经营运输类、事故损害赔偿方面法规的调整，应适应华沙体系。同理，我们修改完善民航相关法律法规，与国际公约相衔。修改我国民航行业规章（China Civil Aviation Rules，CCAR），以求与"国际标准和建议措施"协调一致。

第四节　航空法的特征和作用

一、航空法的特征

当今各国航空法规的框架结构、内容详尽程度虽各不相同，但都具备国际性、综合性、民用性和平时法的特点或特征，这是民用航空法规普遍共有的特征。

（一）国际性

航空法的国际性源自人类航空活动的天然国际性。由于航空器速度普遍较快，对航空活动的发源地欧洲来说，中小国家林立，飞机一个小时就能穿越几个国家，这一点与公路和水上交通有重要差别，如果不采用国际统一的法律规则，而适用各国千差万别的国内法，航空活动势必障碍重重、寸步难行。为保证国际空中航行、商业运输以及其他航空活动安全、迅速、经济和便利地进行，各国对于航空活动的各项规定应尽可能地统一起来，国际航空法便是统一的结果。

在国际上国土广大的国家屈指可数，对于中国、美国、俄罗斯、加拿大、印度等空域广阔的国家来说，虽然国内航空活动具有重要价值，但航空法的国际性仍然是不可忽视的。最明显的例证是制止劫机等航空犯罪问题必须求助于国际立法。

各国必须履行所缔结的国际条约，并在国内立法中加以确认。

我国民航的国内法规体系就是以国际民航五大公约、国际标准和建议措施（《国际民用航空公约》19个附件）为蓝本，在符合我国宪法和法律的前提下，结合我国的实际而逐步完善的，这也可以看作是我国民航立法的三大基本原则。

（二）综合性（或统一性）

民航法具有囊括公法与私法的统一性，或者说是综合公法与私法的特性。公法是指用于协调国家之间关系问题的法律规范，传统的国际法就是指国际公法。因为就航空活动而言，首先要解决的是公法问题，诸如主权、领土、国籍、国家关系等。前述《芝加哥公约》、1963年《东京公约》、1970年《海牙公约》和1971年《蒙特利尔公约》等主要公约都属于公法性质。

而就国际私法而言，传统上称作"法律冲突法"，即一国国内法中的涉外民法，通过国际条约各国在私法某些领域中实行统一规则。民用航空活动中尤其在运输经营上面临诸多的私法问题，如财产权利、损害赔偿、合同法、侵权行为法等。在这些问题上，各国法律规则差别巨大、矛盾突出。因此，国际上采取统一原则和规则是国际航空运输的前提条件。例如，1929年《华沙公约》就是解决航空运输领域差别与冲突的典型之作。

（三）民用性

航空法并不是对所有航空活动都具有约束力，它不能约束国家航空器，而只涉及与民用航空有关的活动。

《国际民用航空公约》第3条规定"本公约仅适用于民用航空器，而不适用于军事、海关和警察部门的国家航空器"，在其他公约中都有类似规定。

《中华人民共和国民用航空法》第5条"本法所称民用航空器，是指除用于执行军事、海关、警察飞行任务外的航空器"。对于民用航空器的概念，在其他航空法文件中也有类似规定。

用于运送国家元首或政府首脑的专机，以及各种负有国家特别使命的航空器亦被认为是国家航空器。

（四）平时法

航空法只适用于和平时期。只有在非战争时期，民航才能正常地生产和营运。

航空法不能约束战争时期的民用航空活动，无论对于交战国或中立国。航空法也不能约束宣布其处于紧急状态的缔约国。例如美国在 2011 年"9·11"事件之后，对部分国家宣布临时性地关闭领空，中断原本正常的国际航空运输。

平时法的这一特征不太显著，但符合国际社会秩序和各国民航体制的认定。

二、航空法的作用

航空法的作用，可以从维护领空主权、确保飞行安全、促进航空运行畅通和保护民用航空活动当事人各方的合法权益四个方面来理解。

（一）维护领空主权

从国家安全和航空权益出发，维护国家领空主权是法规首要的任务。例如：《国际民用航空公约》第一部分第一章第 1 条："缔约各国承认每一国家对其领土之上的空气空间有完全的、排他的主权。"

《中国人民共和国民用航空法》第一章第 1 条："为了维护国家的领空主权和民用航空权利，保障民用航空活动安全和有序地进行，保护民用航空活动当事人各方的合法权权益，促进民用航空事业的发展，制定本法。"

《中国人民共和国民用航空法》第一章第 2 条："中华人民共和国领陆和领水之上的空域为中华人民共和国领空。中华人民共和国对领空享有完全的、排他的主权。"

（二）确保飞行安全

我国民航工作的总方针为："保证安全第一、改善服务工作、争取飞行正常。"正是这一根本性的指导方针，树立了多年以来我国民航运营"安全第一"的思想和目标。

此外，执照管理、适航管理、机场管理、飞行规则、航空安全保卫、反对非法干扰等绝大多数层面的法规均体现了"安全第一"的原则。

（三）促进航空运行畅通

各国遵守统一的规则和标准，以保证提高效率和经济效益。运行的畅通和效率，一直是各国民航追求的另一主要目标，而只有各国严格遵循多边国际条约、以国际标准和建议措施作为立法先导，才能在国际航运中逐步实现国际化、一体化。

（四）保护民用航空活动当事人各方的合法权益，促进民用航空事业的发展

随着航空的出现和发展，尤其是国际民用航空运输的快速发展，各国对于领空主权、飞行安全、空中航行的有效与正常、航空权益、经济利益等诸方面急需进行规范和统一，航空法由此而产生并不断完善。

从《国际民用航空公约》(通称《芝加哥公约》)的序言和《中华人民共和国民用航空法》的总则中都不难看出，航空法的宗旨是为了维护国家领空主权和航空权益，维护空中航行秩

序，保证飞行安全，促进民用航空发展，合理使用空域，协调各航空保障部门的工作，治理民用航空，促进国际合作。

迄今为止，我国先后加入了以《芝加哥公约》为主的国际航空法体系的三大系列的五个重要国际公约。公约规定以及有关的国际标准和建议措施，都相继通过《中华人民共和国民用航空法》、国务院下发的有关民用航空的行政法规、民航局颁布的行业规章等形式加以融合、体现和贯彻。

因此，只有系统学习上述各种民航法规，了解其历史，理解其渊源，掌握航空法规体系间的关系，明白我国在国际法中所享有的权利和义务，理解航空法规是用血和生命换来的深刻道理，才能为今后在航空活动中按"章"办事、自觉遵守航空法规打下基础，从而达到减少飞行冲突、保证飞行安全、提高运行效率和经济效益、促进民用航空事业的健康发展之目的。

本章是航空法的概述，介绍了航空法的概念、渊源、发展历史，重点讲解了航空法的体系结构及其相互关系，最后介绍了航空法的特征和作用。

第二章 《国际民用航空公约》体系

国际航空法的三大体系是指:《国际民用航空公约》体系、华沙体系和航空刑法体系。其中,《国际民用航空公约》及其附件,因涉及国际民用航空的各个领域的基本规范,加入国家最多,影响深远,是指导当今国际民用航空发展规划的基础。

《国际民用航空公约》体系,通称《芝加哥公约》体系,是国际航空法的第一序列和主体序列。其主要由《国际民用航空公约》本身,以及与公约相关的《国际航班过境协定》《国际航空运输协定》两个协定组成,还包括其衍生的 19 个附件。

华沙体系是由 1929 年《华沙公约》及后续 9 个修订补充文件组成的,包括 1955 年《海牙议定书》、1961 年《瓜达拉哈拉公约》、1966 年《蒙特利尔协议》、1971 年《危地马拉议定书》、1975 年四个《蒙特利尔附加议定书》(第 1 号、第 2 号、第 3 号和第 4 号)和 1999 年《新蒙特利尔公约》。华沙体系文件众多,是一个较为另类的体系,基本与航行规则无关。它规定了国际航空运输中有关机票、行李票、航空货运、赔偿限额等民事方面的规则。

航空刑法体系包括 1963 年《东京公约》、1970 年《海牙公约》、1971 年《蒙特利尔公约》和 1988 年《蒙特利尔议定书》共四个文件,它规定了有关制止空中犯罪、劫持飞机、破坏航空器及危害民用航空安全的内容。2010 年《北京公约》和《北京议定书》可以看作航空刑法公约体系对打击新型航空犯罪行为的补充和完善。另外,《附件 17:安全保卫——国际民用航空防止非法干扰行为的安全保卫》,可看作该体系在当代颇具效用的指导规范。

我国主要加入了以上三大系列的五个公约。国际上还有许多其他关于民用航空的公约,但因其不具有普遍性、我国未批准或已经废止,本书中选择其重要内容作简要介绍。

第一节 《国际民用航空公约》

一、缔结背景

1944 年 12 月 7 日签订于芝加哥、1947 年 4 月 4 日生效的《国际民用航空公约》(通称《芝加哥公约》),内容几乎涉及民用航空领域的各个方面,是国际航空法的基础和宪章性文件。当今全世界已有 193 个国家批准或加入了该公约,它制定的法律原则和规则已具有普遍国际法效力。

国际民用航空组织后来规定 12 月 7 日为世界民航日(或称国际民航日),正是为了纪念该公约的缔结。纪念《芝加哥公约》诞生 50 周年标志如图 2-1 所示。

图 2-1　纪念《芝加哥公约》诞生 50 周年标志

二、概要及宗旨

《国际民用航空公约》的原文开宗明义地阐述了公约的宗旨："鉴于国际民用航空的未来发展对建立和保持世界各国之间和人民之间的友谊和了解大有帮助，而其滥用足以威胁普遍安全；又鉴于有需要避免各国之间和人民之间的摩擦并促进其合作，世界和平有赖于此；因此，下列各签署国政府议定了若干原则和办法，使国际民用航空得按照安全和有秩序的方式发展，并使国际航空运输业务得建立在机会均等的基础上，健康地和经济地经营；为此目的缔结本公约。"

除序言外，国际民航公约共分"空中航行、国际民用航空组织、国际航空运输、最后条款"四大部分，这四大部分又细分为 22 章共计 96 条，主要内容可概括为：承认各国对其领空享有完全的排他的主权；对定期航班和不定期航班的权利；空中航行有关事项；国际民航技术标准和建议措施；成立国际民航组织；国际航空运输等。为便于理解和考虑专业学习需要，本书主要针对航行原则技术的相关部分，例如主权原则与航空自由、航空器及其国籍、统一规则与方便航行、国际民用航空组织等分别介绍。

三、主权原则与航空自由

关于空气空间的法律地位，早在 1919 年第一次世界大战结束之前，国际法学界就存在着两种截然相反的观点：以英国为代表的"领空主权论"，以及以法国和德国为代表的"航空自由论"。"航空自由论"提倡"天空无限、航行自由"等概念，无视主权原则。

1919 年缔结的《关于管理空中航行的公约》（简称 1919 年《巴黎公约》）第一次承认了领空主权原则。在第一次世界大战中，几乎所有国家（包括荷兰、瑞士等中立国）都不允许外国飞机擅自飞入或飞越本国领空。由于一战的影响，在 1919 年巴黎和会上缔结的 1919 年《巴黎公约》被誉为第一个国际航空法典，其第 1 条就将领空主权宣布为一条习惯国际法规则。

美国、荷兰等少数国家推行新时期的航空自由论。此种自由论强调国际运输上的自由，多少带有垄断性质和航空霸权的色彩，今天的"航权及开放"的概念即来源于此。美国在第二次世界大战中的有利地位，使其在飞机数量和性能上超过欧洲而处于世界领先地位，美国政府意识到大战后该国的民用航空必将领先于世界；荷兰一直致力于民用航空运输的发展，如荷兰皇家航空公司是世界上第一家国际航空运输企业，所以出于本国商业利益考虑，当时美国、荷兰等国家极力推行航空自由论。

在第二次世界大战即将结束时签订的《国际民用航空公约》，其第 1 条原文引用了巴黎公约提出的主权原则："缔约各国承认每一国家对其领土之上的空气空间具有完全的和排他的主权。"但是，《芝加哥公约》没有采用其中的"无害通过"原则，而是以同一天另行签订的《国际航班过境协定》(通称"两种航空自由")、《国际航空运输协定》(通称"五种航空自由")作为弥补，满足那些承认或部分承认航空自由的国家的需要。当时以美国、荷兰为代表的持航空自由论国家，与英国等主张领空主权论的国家各自做出了让步。

最终，"缔约各国承认每一国家对其领土之上的空气空间具有完全的和排他的主权"，这一条主权原则，被历史性地写入了《芝加哥公约》的第 1 条。

会议通过两种途径做出了让步，以满足那些崇尚航空自由论的国家需要：

（1）公约第 5 条 "对不定期飞行的权利"体现了领空主权下的航空自由；

（2）1944 年 12 月 7 日，在缔结《芝加哥公约》的同时，部分国家缔结了《国际航班过境协定》和《国际航空运输协定》。

代表"两种航空自由"的文件来自《国际航班过境协定》。此"两种航空自由"是指：

（1）不降停而飞越其领土的权利；

（2）非商业性降停的权利（或称技术性降停）。

至 1994 年年底，共 101 个国家加入该协定，我国未加入。

另外一部体现航空自由的协定是《国际航空运输协定》，它拓展了原来的两种自由，共定义了如下"五种航空自由"：

（1）不降停而飞越其领土的权利；

（2）非商业性降停的权利；

（3）卸下来自航空器国籍国领土的旅客、货物、邮件的权利；

（4）装载前往航空器国籍国领土的旅客、货物、邮件的权利；

（5）装卸前往或来自任何其他缔约国领土的旅客、货物、邮件的权利。

可以看出，《国际航空运输协定》的前两种航空自由与《国际航班过境协定》相同。由此"五种航空自由"的概念产生，为后来的所谓"航权开放"奠定了理论基础。

至 1994 年年底，仅 11 个国家加入该协定。美国最早批准，但于 1946 年 7 月 25 日退出；我国一直未加入该协定。

对以上两个协定的特别说明：

（1）起降适用于民用机场；

（2）定期航班不在此例；

（3）同《芝加哥公约》一样，具有平时法的性质；

（4）遵守《芝加哥公约》中有关领空主权的限制；

（5）《国际航空运输协定》签订的国家较少，不具有普遍国际效力。

（一）领空

领空是领土之上的空气空间。这里所指一国的领土，应认为是在该国主权、宗主权、保护或委任统治下的陆地区域及与其邻接的领水。领空的概念在《国际民用航空公约》中得到了国际认同且延续至今。主权原则是该公约的重要规定，也是公约备受推崇的重要原因。

领空的水平边界是领陆加上 12 海里领海。领海的范围借鉴海洋法的规定，其最早的范围是 3 海里，随着武器的发展，各国考虑国家安全需要，逐步修订为现在的 12 海里。按现代国防要求，12 海里远远不够，故在军事上另有限制军事飞行的其他规定。比如今天国际社会公认的专属经济区和防空识别区，在边界划分上要远大于 12 海里的规定。

关于领空的垂直边界众说纷纭，争议不休，至今尚未解决。主要有以下五种主张：

（1）以靠空气为依托的飞机最高飞行高度为界，一般距地（水）面 32 ~ 40 公里；

（2）以不靠空气为依托的人造地球卫星运行轨道最低点为准，一般为 100 ~ 110 公里；

（3）以无空气存在的自然条件为标准，高度约为 16 000 公里；

（4）以地球离心力取代空气作飞行动力的高度，据物理学家冯卡曼测算约为 83 公里；

（5）以地球引力为准。1976 年由哥伦比亚、刚果、厄瓜多尔、印尼、肯尼亚、乌干达、扎伊尔和巴西等八个赤道国家发表了"波哥大宣言"，申明它们对距离地面 35 817 公里高度的"地球静止轨道"拥有主权。其理由是：地球静止轨道是地球引力形成的。

由于在缔结 1919 年《巴黎公约》和 1944 年《芝加哥公约》时，人类尚未进入外空时代，所以公约中未明确领空的上限。一般认为以 100 至 110 公里为上限比较有说服力。在短时期内，这个问题对航空法与外空法的实施与发展并未构成大的障碍，因此国际上并不急于做出定论。

所以，领空的形状是一个以地心为顶点的锥体。

《国际民用航空公约》的第 1 条明确指出："缔约各国承认每一国家对其领土之上的空气空间享有完全的和排他的主权。"由此便确认了延续至今的领空主权论，并阐释出主权的特性是完全性和排他性。

（二）飞入或飞经别国上空的限制

1. 国家航空器

经批准才能进入他国领空。非民用航空器，未经特别协定或许可并遵照其中的规定，不得在另一缔约国领土上空飞行或在此领土上降落。

2. 非商业性不定期飞行

自由与限制并存。一切非商业性不定期飞行，在遵守本公约规定的条件下，不需要事先获准，有权飞入或飞经其他缔约国领土而不降停，或作非商业性降停，但飞经国有权令其降落。为了飞行安全，当航空器所欲飞经的地区不得进入或缺乏适当航行设施时，缔约各国保留令其遵循规定航路或获得特准后方许飞行的权利。

3. 商业性不定期飞行

受"国内运载权"限制。航空器如为取酬或出租而载运乘客、货物、邮件但非从事定期国际航班飞行，在遵守有关"国内运载权"规定的情况下，亦有上下乘客、货物或邮件的特

权，但上下地点所在国有权规定其认为需要的规章、条件或限制，

4. 定期航班

签订双边协定，交换过境权、运载权。经一缔约国特准或其他许可并遵照此项特准或许可的条件，可在他国领土上空飞行或进入该国领土。

（三）国内运载权（公约第 7 条）

缔约各国有权拒绝或准许其他缔约国的航空器为取酬或出租在其领土内载运乘客、邮件和货物前往其领土内另一地点。缔约各国承允不缔结任何协议在排他的基础上特准任何其他国家的航运企业享有任何此项特权，也不向任何其他国家取得任何此项排他的特权。

（四）不妨害本国安全的规则

1. 空中禁区、限制区（公约第 9 条）

缔约各国由于军事需要或公共安全的理由，可以一律限制或禁止其他国家的航空器在其领土内的某些地区上空飞行，但对该领土所属国从事定期国际航班飞行的航空器和其他缔约国从事同样飞行的航空器，在这一点上不得有所区别。此种禁区的范围和位置应当合理，以免空中航行受到不必要的阻碍。一缔约国领土内此种禁区的说明及其随后的任何变更，应尽速通知其他各缔约国及国际民用航空组织。

在非常情况下，或在紧急时期内，或为了公共安全，缔约各国也保留暂时限制或禁止航空器在其全部或部分领土上空飞行的权利并立即生效，但此种限制或禁止应不分国籍适用于所有其他国家的航空器。

缔约各国可以依照其制定的规章，下令进入上述所指地区的任何航空器尽速在其领土内一指定的机场降落。

2. 货物限制（公约第 35 条）

从事国际航行的航空器，非经一国许可，在该国领土内或在该国领土上空时不得载运军火或作战物资。缔约各国为了公共秩序和安全，保留管制或禁止在其领土内或领土上空载运其他物品的权利（如毒品、走私等）。

3. 检查（公约第 16 条）

缔约各国的有关当局有权对其他缔约国的航空器在降停或飞离时进行检查，并查验本公约规定的证件和其他文件，但应避免不合理的延误。

4. 指定航路和起降机场（公约第 68 条）

缔约各国在不违反本公约的规定下，可以指定任何国际航班在其领土内应遵循的航路和可以使用的机场。

5. 其他（公约第 8 条、第 36 条）

任何无人驾驶而能飞行的航空器，未经一缔约国特许并遵照此项特许的条件，不得无人驾驶而在该国领土上空飞行。缔约各国承允对此项无人驾驶的航空器在向民用航空器开放的地区内的飞行加以管制，以免危及民用航空器。

缔约各国可以禁止或管制在其领土上空的航空器内使用照相机。

（五）遵守当地国法律的规则（公约第10条至第13条）

在设关机场起降便于进行海关和其他检查。

在遵守本公约各规定的条件下，一缔约国关于从事国际航行的航空器进入或离开其领土或关于此种航空器在其领土内操作或航行的法律和规章，应不分国籍并适用于所有缔约国的航空器，此种航空器在进入或离开该国领土或在其领土内时，都应该遵守此项法律和规章。

所有外国航空器都应遵守当地关于航空器飞行和运转的现行规则和规章。

缔约国关于航空器的乘客、机组或货物进入或离开其领土的法律和规章，如关于入境、放行、移民、护照、海关及检疫的规章，应由此种乘客、机组或货物在进入、离开或在该国领土内时遵照执行或由其代表遵照执行。

（六）航空器遇险救助、失事调查（公约第25条、第26条）

对航空器遇险救助、失事调查也是对主权的体现。

（七）刑事管辖权（《芝加哥公约》未作规定）

刑事管辖权是一国领空主权的重要表现形式。但遗憾的是，对于飞入或飞经本国的航空器上发生的民事或刑事行为的管辖权问题，该公约未作任何规定，直到1963年起才由航空刑法的三个公约进行了补充。

以上便是《芝加哥公约》的主权原则和相关特征规定，但这样的"完全的和排他的主权"，在一些特定情况下，会凸显与人类生命安全的矛盾。历史上曾发生多次击伤、击毁民用航空器的典型事例，主要列举如下：

（1）1952年4月26日，法国航空公司从法兰克福飞西柏林航线，在飞经20英里宽的空中走廊时偏航，被苏联战斗机攻击，5名旅客受伤（2名重伤），飞机最终安全降落。

（2）1955年7月27日以色列艾尔奥尔航空公司从伦敦经巴黎、伊斯坦布尔飞以色列的国际航空，在飞经希腊与保加利亚边界地区时，偏航入保境，被保加利亚两架战斗机击落，51名旅客和7名机组人员全部殒命。

（3）1973年2月21日利比亚波音727客机从的黎波里飞开罗，迷航误入埃及与以色列交界的以方占领区内，被以色列战斗机击落，机上108人遇难。

（4）1983年9月1日，纽约至汉城（今首尔）的韩国KE007航班（B747-200B型），经停安科雷齐，起飞不久就向北偏离第20号航道500英里飞越库页岛上空。该地区是苏联空军基地，被苏联防空部队误认为间谍飞行而将其击落，机上269人（包括旅客240人，机组29人）全部遇难。可以说，该"海参崴空难"直接导致了后续《芝加哥公约》中关于主权原则的修订和完善。

（5）1988年7月3日，伊朗航空公司空客A-300在霍尔木兹海峡上空被美国巡洋舰击落，298人死亡。

（八）公约的第一次修订

在"海参崴空难"发生后的第二年，国际民用航空组织大会于1984年5月10日举行第二十五届特别会议，对《国际民用航空公约》这个宪章性的公约做出了历史上的第一次修订。

按照该公约第 94 条第一款的规定，批准对该公约的下列建议修订案：在第三条后，插入新的第三条分条。内容如下：

（1）缔约各国承认，每一国家必须避免对飞行中的民用航空器使用武器，如拦截，必须不危及航空器内人员的生命和航空器的安全。此一规定不应被解释为在任何方面修改了联合国宪章所规定的各国的权利和义务。

（2）缔约各国承认，每一国家在行使其主权时，对未经允许而飞越其领土的民用航空器，或者有合理的根据认为该航空器被用于与本公约宗旨不相符的目的，有权要求该航空器在指定的机场降落；该国也可以给该航空器任何其他指令，以终止此类侵犯。为此目的，缔约各国可采取符合国际法的有关规则，包括本公约的有关规定，特别是本条第一款规定的任何适当手段。第一缔约国同意公布其关于拦截民用航空器的现行规定。

（3）任何民用航空器必须遵守根据本条第二款发出的命令。为此目的，每一缔约国应在本国法律或规章中做出一切必要的规定，以便在该国登记的或者在该国有主营业所或永久居所的经营人所使用的任何航空器必须遵守上述命令。每一缔约国应使任何违反此类现行法律或规章的行为受到严厉惩罚，并根据本国法律将这一案件提交其主管当局。

（4）每一缔约国应采取适当措施，禁止将在该国登记的或者在该国有主营业所或永久居住的经营人所使用的任何民用航空器肆意用于与本公约宗旨不相符的目的。这一规定不应影响本条第一款或者与本条第二款和第三款相抵触。

这是迄今为止历史上唯一的一次修改宪章性的《芝加哥公约》，由此修补了主权原则与人类生命安全的矛盾，确定了对民用航空器采取克制态度和不伤及人机财产安全的原则，该修订由国际民航组织所有缔约国一致通过，它无损公约的权威性。

四、统一规则与方便航行

《芝加哥公约》根据主权原则在规定一系列国家权利的同时，也规定了一系列相应的国家义务，以实现对各国国家权利的制约，并在此基础上力求统一国际规则，方便国际航行。

（一）遵守国际统一标准

航空活动的国际性决定了国际空中航行规则应尽可能统一，避免或减少各国国内法之间的差异或冲突。统一国际空中航行的各种规则是《芝加哥公约》的主旨之一。

公约赋予国际民航组织理事会的准立法权：通过国际标准与建议措施，并将此种标准与措施称为公约的附件，要求各缔约国统一遵照执行。

附件是世界各国制定本国民用航空规章的技术基础，附件是《芝加哥公约》体系的一部分。

缔约国若不能完全遵照执行，应立即向理事会通知差异；如果任何缔约国在附件修改之后，对其本国规章或措施不能作相应修改，应于国际标准修改后 60 天内通知理事会，或表明拟采取的行动，理事会应立即将此种差异通知所有缔约国。

（二）无差别对待原则

各缔约国根据主权权利对航空器施加的条件或限制，应对本国和外国，本国与外国航空器、航空企业一视同仁，实行无差别对待。公约第 7 条、第 9 条、第 11 条、第 15 条、第 35 条均强调了这一原则。

（三）便利空中航行的措施

顾名思义，该措施是指订立相关的简化手续和便利措施。

简化手续（第 22 条）是指简化移民、检疫、海关、放行手续等，由缔约各国同意采取一切可行的措施，通过发布特别规章或其他方法，以便利和加速航空器在缔约各国领土间航行，特别是在执行关于移民、检疫、海关、放行等法律时，防止对航空器、机组、乘客和货物造成不必要的延误。

便利措施是指免纳关税、搜寻援救、事故调查、扣押航空器、提供机场通信导航气象等，分述如下。

1. 关税（公约第 24 条）

航空器飞抵、飞离或飞越另一缔约国领土时，在遵守该国海关规章的条件下，应准予暂时免纳关税。一缔约国的航空器在到达另一缔约国领土时所载的燃料、润滑油、零备件、正常设备及机上供应品，在航空器离开该国领土时，如仍留置航空器上，应免纳关税、检验费或类似的国家或地方税款和费用。此种豁免不适用于卸下的任何数量的物品，但按照该国海关规章允许的不在此例，此种规章可以要求上述物品应受海关监督。

运入一缔约国领土的零备件和设备，供装配另一缔约国的从事国际航行的航空器或在该航空器上使用，应准予免纳关税，但须遵守有关国家的规章，此种规章可以规定上述物品应受海关的监督和管制。

2. 航空器遇险（公约第 25 条）

缔约各国承允对在其领土内遇险的航空器，在其认为可行的情况下，采取援助措施，并在本国当局管制下准许该航空器所有人或该航空器登记国的当局采取情况所需的援助措施。缔约各国搜寻失踪的航空器时，应在按照本公约随时建议的各种协同措施方面进行合作。

3. 事故调查（公约第 26 条）

缔约国的航空器如在另一缔约国的领土内发生事故，致有死亡或严重伤害或表明航空器或航行设施有重大技术缺陷时，事故所在地国家应在该国法律许可的范围内，依照国际民用航空组织建议的程序，着手调查事故情形。航空器登记国应有机会指派观察员在调查时到场，而主持调查的国家，应将关于此事的报告及调查结果，通知航空器登记国。

4. 不因专利权的主张而扣押航空器（公约第 27 条）

缔约国从事国际航行的航空器，被准许进入或通过另一缔约国领土时，不论降停与否，另一缔约国不得以该国名义或以该国任何人的名义，基于航空器的构造、机构、零件、附件或操作侵犯航空器，或对该航空器的所有人或经营人提出任何权利主张，或进行任何其他干涉。缔约各国并同意在任何情况下，航空器所进入的国家对航空器免予扣押或扣留时，均不要求缴付保证金。

（四）不订立与公约相抵触的协议

公约第四部分"最后条款"中规定缔约各国退出《巴黎公约》和《哈瓦那公约》、现行其他不抵触协定应向理事会进行登记、其他抵触协定应废除、以后所签新的合法的协定应向理事会登记。

缔约各国承允，本公约生效时申明退出 1919 年《巴黎公约》和《哈瓦那公约》，在各缔约国间，本公约即代替上述《巴黎公约》和《哈瓦那公约》。

本公约生效时，一缔约国和任何其他国家间，或一缔约国空运企业和任何其他国家或其他国家空运企业间的一切现行航空协定，应立即向理事会登记。

缔约各国承认本公约废除了彼此间所有与本公约条款相抵触的义务和谅解，并承允不再承担任何此类义务和达成任何此类谅解。一缔约国如在成为本组织的成员以前，曾对某一非缔约国或某一缔约国的国民或非缔约国的国民，承担了与本公约的条款相抵触的任何义务，应立即采取步骤，解除其义务。任何缔约国的空运企业如已经承担了任何此类与本公约相抵触的义务，该空运企业所属国应以最大努力立即终止该项义务，无论如何，应在本公约生效后可以合法地采取这种行动时，终止此种义务。

任何缔约国在不违反前条的规定下，可以订立与本公约各规定不相抵触的协议。任何此种协议，应立即向理事会登记，理事会应尽速予以公布。

第二节　《国际民用航空公约》的附件及程序

一、附件的概念

附件（即"国际标准与建议措施"）通常由定义、标准、建议措施、规定、表格与数字、附录等部分组成。附件是国际航空法的重要渊源，也是指导当今各国民航发展的国际统一技术规范。它的法律效力要低于公约，通过不断修订加以完善，其时效性和权威性毋庸置疑。其中，国际标准和建议措施的法律地位也不尽相同。

国际标准：指物理特性、构形、材料、性能、人员或程序的任何规范，其应用被一致认为是国际飞行安全或正常所必需的，缔约国根据公约要符合它们；在不能符合时，必须根据公约第 38 条的规定通知理事会。

建议措施：指物理特性、构形、材料、性能、人员或程序的任何规范，其应用被一致认为是对国际飞行安全、正常或效率有好处的，缔约国按照公约将力求符合它。

国际标准与建议措施经常一起出现，但二者在具体内容和法律效力上是不同的。标准化是通过创立、采纳和修订国际民航组织公约的附件来实现的，这些附件被称作国际标准和建议措施。国际标准是指令性的，国际民航组织成员国同意遵守这些标准。如果成员国的标准与国际民航组织的标准不同，该成员国必须向国际民航组织通告不同之处。建设措施是建议性的，不是必须的。某一条款是否被确定为标准，取决于对"所有缔约国一致使用该条款是否必要？"这一问题做出的回答，这些国际标准的适用性可能会受到一些地形、交通密度、飞行阶段和气候等因素相关的制约条件的影响，但是，不管是否遇到这些制约条件，所有缔约国必须同样地使用这些国际标准，除非该缔约国向国际民航组织通告了差异。

二、附件简介

自国际民航组织成立以来，该组织的主要技术成就是在安全、规范和高效的航空服务方面实现了标准化，从而使国际民航许多领域的可靠性达到了一个较高水平，尤其是在航空器、操作航空器的机组和地面设施与服务方面。

国际民航组织附件包含了通过国际协商已经采用的国际标准和建议措施，目前涵盖 19 个技术领域，简要说明如下。

（一）附件 1：颁发人员执照

附件 1 规定了关于颁发飞行组人员（驾驶员、领航员、飞行工程师）、空中交通管制员和维修技术员执照的标准与建议措施，有关的训练手册向会员国提供训练课程范围、一定深度的指南，这将保证公约和附件 1 所意欲建立的对空中航行安全的信心。这些训练手册也提供训练其他航空人员（如飞行签派员、无线电通信员以及其他有关职能人员）的指南。迄今为止，附件 1 已经历过大大小小的近 200 次修订。

（二）附件 2：空中规则

空中航行安全而高效运行，需要一套国际上统一的空中规则：一般规则、目视飞行规则和仪表飞行规则。这些规则在公海上一律适用，在各国领土上，在不与所飞越国家的规则相抵触的范围内适用。航空器的机长负责遵行空中规则。

在发生拦截的情况下，民用航空器的安全都面临一定威胁。国际民用航空组织理事会在附件 2 中提出了特别建议，敦促各国通过适当的规章和管理措施来实施这些特别建议。

（三）附件 3：国际空中航行的气象服务

驾驶员需要了解所飞航线及其目的地机场的天气情况。

在附件 3 中简述的气象服务的目的是为空中航行的安全、有效和正常作出贡献。为达到这一目的，应向经营人、飞行组人员、空中交通管制单位、搜寻援救单位、航站管理部门以及其他与航空有关部门提供所需的天气情报。

（四）附件 4：航图

使用按照国际民用航空组织采纳的标准所绘制的航图，有利于空中交通安全、有效地流动。国际民用航空组织的系列航图有 13 种，从个别的机场详图到供作飞行计划用的小比例尺航图，每种航图有其特殊用途。

（五）附件 5：空中和地面运行中所使用的计量单位

《芝加哥公约》缔结后，对附件 5 作了多次修订，最终引用了国际单位制作为民用航空采用的基本标准制。如：米、公里、公里/小时、百帕等。另外，也承认一些在航空方面尚有特殊地位的非国际单位制，如：升、摄氏度、计量平面角的"度"、毫巴、海里、节、英尺等。经多次修订，非国际单位制的成分已大大减少。

要使计量单位标准化是很不容易的，需要与其他国际组织（如：世界气象组织、世界卫生组织等）进行协调、取得一致。所以，真正的完全统一还需要相当长的时间。

（六）附件6：航空器的运行

附件6由第一部分：国际商业空运和第二部分：国际通用航空两部分构成。附件6的实质，是从事国际空运的航空器的运行必须尽可能标准化以保证最高水平的安全与效率。

在航空器运行的各个阶段，最低标准是最可能被接受的折中办法。被全部会员国接受的这些标准遍及许多方面：如航空器运行、性能、通信与导航设备、维修、飞行文件、飞行人员的职责等。

（七）附件7：航空器国籍与登记标志

航空器是如何进行分类和予以识别的？怎样辨别航空器的国籍？这是国际民用航空组织的最简短的一个附件所要回答的两个问题。该附件述及航空器的国籍和登记标志，并集中所有相关标准予以分类。本书第六章详细介绍的航空器国籍登记制度，几乎全都源自附件7的要求。

（八）附件8：航空器的适航性

为了安全，航空器必须具备的第一个文件是适航证。该证表明该航空器适合飞行。但在发给该证之前，必须证实该航空器的设计、构造和使用性能是符合登记国的有关适航要求的。

为了便于输入和输出航空器，以及为租赁、包用或交流而调换航空器和便于国际空中航行的航空器运行，《国际民用航空公约》第33条规定登记国承担辨认和认可其他会员国发给的适航证，但发给或认可该证的适航要求，须相等或高于国际民航组织根据本公约随时制定的最低标准。这些最低标准载于附件8，名为航空器的适航性。

该附件分为三个部分。第一部分包括定义，第二部分述及发给适航证与确定航空器持续适航的管理程序，第三部分为发给新飞机设计证书的技术要求。

适航标准涉及性能、飞行质量、结构设计与制造、发动机与螺旋桨的设计与安装、仪表与设备的设计与安装和使用限制，包括飞机飞行手册中所要提供的程序和一般资料。

（九）附件9：简化手续

国际民用航空已使空中旅行成为一种乐趣，却易在起飞和目的地机场受阻：航空所固有的速度优点，常常由于地面海关、移民和卫生等控制部门的缓慢过程而抵消。

该附件设计的初衷就是使每一次飞行的两端的手续得以简化，因此该附件被称为"简化手续"，这些简化手续致力于加速航空器、人员、货物和其他物品在国际机场的进出。附件9的本质，反映在规定中所述："必须以这样的一种办法来应用并执行、放行，以保持空运所固有的速度优点。"

（十）附件 10：航空电信（卷一与卷二）

国际民用航空最复杂的组成部分之一就是今日航空器运行服务所用的电话、电报和通信导航，该附件包括这个组成部分。附件 10 分为两卷：卷一规定设备、系统和无线电频率；卷二制定在国际民用航空运行中所使用的通信程序。

用于国际民用航空的有两大类通信。它们是地面诸点之间的航空固定服务（AFS）和飞行中的航空器与地面诸点之间的航空移动服务（AMS）。航空移动服务使用语音和数字数据向飞行中的航空器提供一切所需的情报以便安全实施飞行。航空固定服务的一个主要组成部分是航空固定电信网（AFTN），在航空固定电信网这一类里，地面上的一切主要诸点，包括机场、空中交通管制中心、气象室之类，都用适当的线路连接起来，在此网路上任何一点发出的电文都是例行地发到一切实施安全飞行所需要的地点。

（十一）附件 11：空中交通服务

今天，空中交通管制、飞行情报和告警三种服务组成空中交通服务，《国际民用航空公约》附件 11 给空中交通服务下了定义并说明提供这些服务的标准与建议措施。

天空是无限的，但对空中交通而言却不尽然。随着航空器和航线的不断增加，空中交通管制的概念、程序、设备、规则将不断改进，而本附件的规定也将随之不断改进。

附件 11 被誉为空中交通管制的"圣经"，其先后颁布并更新中的空管规则，对当今国际民航的安全营运和行业管理发挥着深远的影响。在民航运输的各个环节中，空管所提供的空中交通服务，是确保飞行安全和正常不可或缺的重要保障。

（十二）附件 12：搜寻与援救

搜寻援救工作的根据是已知或假定航空器遇险并且尽可能帮助它。出于迅速找到失事航空器幸存者的需要，一套国际统一的标准与建议措施被编入了国际民用航空公约的《附件 12：搜寻与援救（Search and Rescue，SAR）》。

本附件制定了可适用于国际民用航空组织会员国在其领土和公海上空设置、保持和施行搜寻援救服务的规定（由两本涉及搜寻援救的组织和搜寻援救程序的《搜寻援救手册》补充）。

该附件包括五章，详细说明了识别紧急情况的性质、搜寻援救工作所需的组织与合作要求、在失事现场和截获遇险电信的机长所要采取的行动、搜寻援救中所采用的信号等。扼要提出所需的准备措施并制定在紧急情况下搜寻援救服务的工作程序。

（十三）附件 13：航空器失事调查

航空器失事后，必须迅速识别、查明导致航空器失事的原因以防止再次发生同样的事故。失事调查牵涉很广，甚至包含规定可以参加调查的国家（如所在国、登记国、经营人国家和制造国）和有关权利和责任的分配。

本附件包括定义、适用范围、总则、调查的目的、保护证据、失事现场所在国监护移动航空器的责任、通知所涉及的一切国家的程序，以及所在国如何处理登记国、经营人国家和制造国提出的要求。

附件 13 常常用来作为失事现场参考文件来使用，可以据此迅速明确分清责任。《航空器失事调查手册》是它的补充资料，该手册也是由国际民用航空组织制定的。

（十四）附件 14：机场

附件 14 的新颖之处在于它所含范围之广。它涉及的范围从机场的规划到如辅助电源的切换时间等细节；从土木工程到照明工程；从备有尖端的援救与消防设备到保持机场清除鸟群的简单要求。本附件受到众多因素的影响，又与机场所必须经受的航空业的迅速变化相结合。

附件 14 的内容在不同程度上反映了机场的四个不同方面：规划、设计、运行和机场设备。

机场的心脏是宏大的机动区，包括跑道、滑行道和停机坪。今天，巨大的新型航空器需要这些设施设计得更加地精确。它们的特征，即它们的宽度、道面的坡度和与其他设施的间距，构成本附件的主要部分。

（十五）附件 15：航行情报服务

国际航行通告是一个词组，它导致了早期的航空缩略语"NOTAM"（Notices to Airmen）的产生。这些情报最主要的用户是准备飞行的驾驶员和与航空器运行有关的任何其他人员。

为便于对这种情报的理解，传达情报的方式和所用文字的简明十分重要。附件 15 明确规定情报应使用简要且便于使用的格式，并且包括有关下一飞行航段的与标准不相符的任何事项。

航行通告分为两级，即一级和二级，按全世界、全国和地区的范围分发。一级航行通告采用直接的电信手段；而对于不很紧急的二级航行通告则采用邮寄或其他分发办法。两级航行通告都包括有关任何航空设施、服务、程序或险情的设置（存在）、情况或变化——对于与飞行业有关的人员来说，及时了解这些是至关重要的。

国际民用航空组织也采用雪情通告（SNOWTAM）。它是一种编有特殊序号的航行通告，用以通知由于机场的航空器活动区内有雪、冰、雪浆或积水而存在的险情或这一险情的排除。

如果没有航行情报服务，驾驶员将飞行在情况不明的空域。

（十六）附件 16：环境保护（卷一和卷二）

《国际民用航空公约》的附件中有两个不是针对航空安全和运行效率的，其中之一是附件 16（另一个不直接与安全有关的附件是《附件 9：简化手续》）。该附件从航空器的噪声与航空器发动机排放物的影响论及环境的保护。在签订《芝加哥公约》时，这是两个几乎料想不到的问题。

附件 16 分为卷一和卷二。卷一包括关于航空器噪声的规定，卷二包括关于航空器发动机排放的规定。

（十七）附件 17：安全保卫——国际民用航空防止非法干扰行为的安全保卫

在 20 世纪 60 年代后期，对于航空安全不利的暴力犯罪显著增加，导致 1970 年 6 月国际民用航空组织举行一届特别大会。那次大会的决议之一是要求在《芝加哥公约》现有的或新的附件中，载有规范以特别处理非法干扰（包括劫持）问题。国际民航组织的后续行动导致 1974 年通过了附件 17。该附件为国际民用航空组织的民用航空安全保卫方案奠定了基础，并寻求办法以反对非法干扰行为，保卫民用航空及其设施的安全。

附件 17 和其他附件中的航空安全保卫规范，在一本广泛而详细的《安全保卫手册》中得以扩充。

在签订《芝加哥公约》时尚无这些文件，也不能预料对于这些文件的需要。1963 年、1970 年和 1971 年缔结的航空刑法体系的三个国际公约适应了航空发展的需要。1974 年滞后通过的附件 17 虽然法律约束力不如航空刑法的三个公约，但使得《芝加哥公约》的"国际标准与建议措施"更加完整。

（十八）附件 18：危险货物的安全空运

世界上由各种运输方式所载运的货物，一半以上是危险品：爆炸、腐蚀、可燃、有毒甚至是放射性的。这些危险品，对于全球种类广泛的工业、商业、医药以及研究的要求与工序来说，是至关紧要的。因为空中运输的有利条件，很多危险品是由航空器载运的。

国际民用航空组织承认这类货物的重要性，并采取步骤以保证可以安全载运这些货物，通过附件 18 和《安全空运危险货物技术说明》以及提供相应的训练而达到安全载运危险货物的要求。

（十九）附件 19：安全管理

这是距今最近也是最新的一本附件，也是迈入 21 世纪后应对新形势下安全管理需求而诞生的第一个专门针对航空安全方面的附件。

附件 19 旨在协助各国管控航空安全风险。鉴于全球航空运输系统日益复杂和为确保航空器安全运行所需的航空活动之间的相互关联性，新附件支持积极策略的不断演变，借以提高安全绩效。这种积极主动的安全策略的基础是实施国家安全方案（SSP）来系统地解决安全风险。

国家安全方案的有效实施是一个渐进过程，需要一段时间才能充分成熟。影响制定国家安全方案所需时间的因素，包括航空运输系统的复杂性以及国家航空安全监督能力的成熟程度。

附件 19 正是汇集了现有与国家安全方案、安全管理体系（SMS）的相关资料，以及收集及使用安全数据和国家监督安全活动的相关要素。将这些材料汇集在这一个新的单一附件上的有利之处，就是将国家的注意力放在对安全管理活动加以整合的重要性上。这种上升到国家安全层面的安全管理，包含明确目标和方向，无疑可以为当今民航各国的安全管理提供规范化和可操作性上的指引。

三、航行服务程序

除了上述公约的 19 个附件，航行服务程序还可以对附件进行细化和补充，以利于民航各国更快更好地掌握并实施国际统一技术规范。空中航行服务程序虽算不上国际法规体系架构的一个层次，但它的存在对指导当今各国民航发展规划至关重要，我们可以将其看作是附件的补充和细化。国际民航组织常常颁发诸如"航行服务程序、手册和指南"等更详细、更具操作的技术文件，虽然这些文件不具备法律效力，不必强制执行，但它的技术权威性使得各国民航当局纷纷效仿。例如以下几个常见的航行服务程序：

（1）DOC4444：空中规则和空中交通服务，是附件2和附件11的细化；

（2）DOC8168：目视和仪表飞行程序设计，是附件6的细化；

（3）DOC8400：英文简缩语；

（4）DOC7910：四字地面代码；

（5）DOC7030：地区补充程序；

（6）DOC8126：航行情报服务手册，是附件15的细化；

（7）DOC9859：安全管理手册，是附件19的细化。

当航行服务程序中的部分内容成熟到被大多数缔约国承认，其应用一致被认为是对国际飞行安全或正常所必需的，按一定的法律程序，其部分或全部内容将被上升法律等级而列入附件。例如："国际航行通告（NOTAM）收集分发颁布程序"于1949年由一次航行通告特别会议审议，稍后成为空中航行服务程序，于1951年开始适用。在其后的年份中，作了20次修订，最终调整为现在的附件15。新增的附件19对于安全管理方面的规定，追根朔源也是来自早些年的程序文件。

综上所述，国际民航组织的航行技术规范包括：公约、附件、航行服务程序、地区补充规定、航行规划、技术手册以及相关指南和通告。国际民用航空组织不断积极制定并修订相关国际技术规范，从而有效且与时俱进地促进了全球民航规范化、统一化的发展。

本章介绍了国际航空法三大体系中的《国际民用航空公约》体系，包括《国际民用航空公约》的背景、宗旨、统一规则和方便航行，重点介绍了领空主权原则；之后介绍了公约的附件和航行服务程序，并具体对19个附件进行了简要说明，列举了比较重要的航行服务程序。

第三章 航空法规主管机构

前面章节所述公约、附件、程序等从何而来？这些国际统一的技术规范由谁来制定、审议、颁发和修订？交流、合作是当前民航各国发展的主题，当今任何国家不可能独立于这些世界性组织之外谋求发展，这是由国际航空运输本身的特点所决定的。本章介绍国际民航组织及其他组织，这些机构不仅是国际、国内航空法的缔造者，还是国际、国内民航规划管理的设计师和监管者。

第一节 国际民用航空组织

国际民用航空组织（International Civil Aviation Organization，ICAO）是联合国的一个专门机构，它为促进全世界民用航空安全、有序发展而成立，主要职责为制订国际空运标准和条例，是 193 个缔约国（截至 2024 年）在民航领域中开展合作的媒介。

一、背景及性质

国际民用航空组织（简称国际民航组织）前身为根据 1919 年《巴黎公约》成立的空中航行国际委员会。由于第二次世界大战对航空器技术发展起到了巨大的推动作用，世界上已经形成了一个包括客货运输在内的航线网络，但随之也引起了一系列急需国际社会协商解决的政治上和技术上的问题。因此，在美国政府的邀请下，52 个国家于 1944 年 11 月 1 日至 12 月 7 日参加了在芝加哥召开的国际会议，签订了《国际民用航空公约》，按照公约第 43 条至第 66 条规定成立了临时国际民航组织（PICAO）。

在公约缔结后，1945 年 6 月，成立了一个只有咨询权力的临时组织——临时国际民航组织。该组织作为一个过渡机构，只有咨询的权利。

1947 年 4 月 4 日，《芝加哥公约》正式生效，国际民航组织也因之正式成立，并于 5 月 6 日召开了第一次大会。同年 5 月 13 日，国际民航组织正式成为联合国的一个专门机构，其会徽如图 3-1 所示。

ICAO 现有理事国 36 个，总部位于加拿大蒙特利尔（Montreal）。它是联合国系统中的专门机构之一，是负责处理国际民航事务的政府间组织，也是由主权国家加入的官方机构。

图 3-1 国际民航组织的会徽

二、宗旨及目的

宗旨：发展国际航行的原则和技术，并促进国际航空运输的规划和发展。

目的：根据《国际民用航空公约》原文，成立国际民航组织的目的共九条。

（1）保证全世界国际民用航空安全地和有秩序地发展；

（2）鼓励为和平用途的航空器的设计和操作艺术；

（3）鼓励发展国际民用航空的航路、机场和航行设施；

（4）满足世界人民对安全、正常、有效和经济的航空运输的需要；

（5）防止因不合理的竞争造成经济上的浪费；

（6）保证缔约各国的权利充分受到尊重，每一缔约国均有经营国际空运企业的公平的机会；

（7）避免缔约各国之间的差别待遇；

（8）促进国际航行的飞行安全；

（9）普遍促进国际民用航空在各方面的发展。

以上九条共涉及国际航行和国际航空运输两个方面问题。前者为技术问题，主要是为了安全；后者为经济和法律问题，主要是为了公平合理，尊重主权。两者的共同目的是保证国际民航安全、正常、有效和有序地发展。

三、国际民航组织的机构及职能

ICAO 的主体机构由大会、理事会和秘书处三级框架构成，如图 3-2 所示。

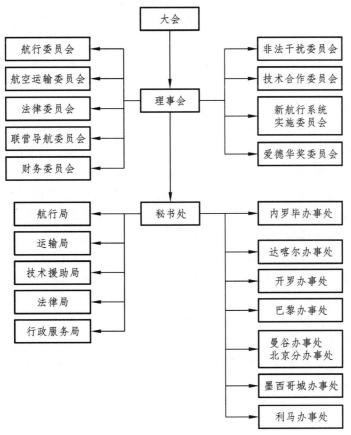

图 3-2　国际民航组织的机构设置

（一）大会

大会是国际民航组织的最高权力机构，由所有缔约国参加，通常每三年举行一次。遇有特别情况时或经五分之一以上成员国向秘书长提出要求，可以召开特别会议。大会决议一般以超过半数通过。参加大会的每一个成员国只有一票表决权。但在某些情况下，如《芝加哥公约》的任何修正案，则需三分之二多数票通过。

大会的任务是：审议技术、经济、法律、技术援助等领域的全部工作，并对该组织其他机构的未来工作给予指导。大会召开期间，一般由大会、行政、技术、法律、经济五个委员会对各项事宜进行讨论和决定，然后交大会审议。

大会的权力及主要职责是：选举理事国，审议通过本组织下三年度预算和财务安排，审议理事会报告并做出决议，审议有关变更或修改《芝加哥公约》条款的提案，赋予、变更、撤销理事会必需的适宜的权力，审议批准与其他国际组织或机构间的合作事宜及有关国际协议。

（二）理事会

理事会是大会的常设机构（由36个理事国组成），也是实权机构。理事会任期三年，主席由理事会选出，下设秘书处和各种专门委员会。

理事国即理事会的成员国，一共分为三类。

（1）第一类：航空发达、在航空领域居于特别重要地位的缔约国，基本不变（现有10个，2022—2025年度包括：澳大利亚、巴西、加拿大、中国、法国、德国、意大利、日本、英国和美国）；

（2）第二类：地域辽阔、对提供国际航行设施做出突出贡献的缔约国，相对稳定（现有12个，2022—2025年度包括：阿根廷、奥地利、埃及、冰岛、印度、墨西哥、尼日利亚、沙特阿拉伯、新加坡、南非、西班牙和委内瑞拉）；

（3）第三类：区域代表缔约国，变动频繁（现有14个，2022—2025年度包括：玻利维亚、智利、萨尔瓦多、赤道几内亚、埃塞俄比亚、加纳、牙买加、马来西亚、毛里塔尼亚、卡塔尔、大韩民国、罗马尼亚、阿拉伯联合酋长国和津巴布韦）。

理事会的职责是：向大会报告工作，执行大会指示并履行《芝加哥公约》规定的职责和义务，选举理事会主席，任命秘书长，决定设立航行委员会及航空运输委员会等，任命委员会委员，审议通过国际标准与建议措施，批准航行服务程序和地区补充规定，征集、搜集、审查、出版关于航行发展和国际航班运营的资料，向大会及缔约国报告有关违反《芝加哥公约》或不执行理事会决议的任何情况，充当缔约国之间的仲裁机构，采取其他必要的措施维护国际航空运输的安全与正常。

理事会具有准立法权、准司法权和管理权，前两项权力是联合国其他专门机构不具有的。准立法权指：它有权制定、修改、通过"国际标准和建议措施"，作为公约之附件。准司法权指：当缔约国之间遇有争端时，充当缔约国之间的仲裁机构。管理权表现在：机场与航行设施的筹资修建与维护，各缔约国的空运企业向理事会送交运输报告、成本统计及财务报告。

（三）秘书处

秘书处是国际民航组织的日常工作机构，秘书长由理事会任命。下设五个局和全球地区办事处（或地区分办事处）。2013 年 6 月 27 日，国际民航组织设立的第一个地区分办事处，即亚太地区分办事处在北京成立。

五个局分别是：航行局（航行局下现设有 21 个临时性研究小组）、运输局、技术援助局、法律局、行政服务局。其中航行局的地位尤其特殊，它在相当程度上决定了航行方面的原则技术和发展动向。

ICAO 在全球分设的地区办事处分别是：

（1）东非和南非地区的内罗毕（Nairobi）办事处；

（2）西非和中非地区的达喀尔（Dakar）办事处；

（3）中东和北非地区的开罗（Cairo）办事处；

（4）欧洲地区的巴黎（Paris）办事处；

（5）亚洲和太平洋地区的曼谷（Bangkok）办事处；第一个地区分办事处北京（Beijing）；

（6）中北美和加勒比地区的墨西哥城（Mexico City）办事处；

（7）南美地区的利马（Lima）办事处。

（四）各种专门委员会

各种专门委员会是理事会的助手和参谋机构，现有 9 个：航行委员会、航空运输委员会、法律委员会、联营导航委员会、财务委员会、非法干扰委员会、技术合作委员会、新航行系统实施委员会和爱德华奖委员会。其中最为重要的委员会是航行委员会，因其在诞生之初便承担了绝大部分的航行规章的制定与修订工作。

航行委员会由 15 名"在航空科学知识和实践方面有合适的资格和经验"的人员组成，由缔约国提名，理事会任命。针对航行领域存在的技术问题，委员会可决定设立专家组，该委员会下现设有 13 个专家组。

航行委员会向理事会报告工作并负责审议、协调和规划国际民航组织在航行领域中的所有工作，最主要的职责是：对秘书处航行局及航委会专家组修订的附件和航行服务程序进行审议，并建议理事会通过或批准。在《国际民用航空公约》的 19 个附件中，除了《附件 9：简化手续》《附件 17：安全保卫》分别由航空运输委员会和非法干扰委员会负责，其余 17 个附件均由航行委员会负责。

公约第十章（第 56、57 条）专门规定了航行委员会的提名、任命和职责，其他委员会则没有在公约中明确规定，而是将设立和撤销权力赋予理事会，由此可见航行委员会的突出地位。

第二节　其他国际组织

除国际民航组织之外，在联合国下属的其他专门机构中，国际电信联盟、国际海事组织、万国邮政联盟和世界气象组织与 ICAO 的联系紧密，存在国际组织间广泛的交流和合作。

在全球 22 000 个非政府间组织（民间组织）中，与国际民航组织密不可分的有四个：国际航空运输协会（IATA）、飞行员协会国际联合会（IFALPA）、管制员协会国际联合会（IFATCA）以及国际机场理事会（ACI）。

与国际民航组织密切相关的区域性政府间民航组织有：非洲民航委员会（AFCAC）、拉丁美洲民航委员会（LACAC）和欧洲民航委员会（ECAC）等。

下面，我们选取几个颇具影响力的其他国际组织，简要介绍。

一、国际航空运输协会（IATA）

国际航空运输协会（International Air Transport Association，IATA）是一个由世界各国航空公司所组成的大型国际组织，其前身是 1919 年在海牙成立并在二战时解体的国际航空业务协会，总部设在加拿大的蒙特利尔，执行机构设在日内瓦。与监管航空安全和航行规则的国际民航组织相比，它更像是一个由承运人（航空公司）组成的国际协调组织，管理在民航运输中出现的诸如票价、危险品运输等问题。

国际航协从组织形式上是一个航空企业的行业联盟，属非官方性质组织，但是由于世界上大多数国家的航空公司为国家所有，即使非国有的航空公司也受到所属国政府的强力参预或控制，因此航协实际上是一个半官方组织。它制定运价的活动，也必须在各国政府授权下进行，它的清算所对全世界联运票价的结算是一项有助于世界空运发展的公益事业，因而国际航协发挥着通过航空运输企业来协调和沟通政府间政策，解决实际运作困难的重要作用。

IATA 的宗旨是：为了世界人民的利益，促进安全、正常和经济的航空运输，扶植航空交通，并研究与此有关的问题；对于直接或间接从事国际航空运输工作的各空运企业提供合作的途径；与国际民航组织及其他国际组织协力合作。

国际航空运输协会的机构由以下四个部门组成，并承担相应职能。

（一）国际航空运输协会全体会议

全体会议是国际航空运输协会的最高权力机构，每年举行一次会议，经执行委员会召集，也可随时召开特别会议。所有正式会员在决议中都拥有平等的一票表决权，如果不能参加，也可授权另一位正式会员代表其出席会议并表决。全体会议的决定以多数票通过。在全体会议上，审议的问题只限于涉及国际航空运输协会本身的重大问题，如选举协会的主席和执行委员会委员、成立有关的委员会以及审议本组织的财政问题等。

（二）国际航空运输协会执行委员会

执行委员会是全会的代表机构，对外全权代表国际航空运输协会。执委会成员必须是正式会员的代表，任期分别为一年、二年和三年。执委会的职责，包括管理协会的财产、设置分支机构、制定协会的政策等。执委会的理事长是协会的最高行政和执行官员，在执委会的监督和授权下行使职责并对执委会负责。在一般情况下，执委会应在年会即全体会议之前召开，其他会议时间由执委会规定。执委会下设秘书长、专门委员会和内部办事机构，维持协会的日常工作。目前执委会有 30 名成员。

（三）国际航空运输协会专门委员会

国际航空运输协会分为运输、财务、法律和技术委员会。各委员会由专家、区域代表及其他人员组成并报执委会和大会批准。目前运输委员会有 30 名成员，财务委员会有 25 名成员，技术委员会有 30 名成员，法律委员会有 30 名成员。

（四）国际航空运输协会分支机构

国际航空运输协会总部设在加拿大蒙特利尔,但主要机构还设在日内瓦、伦敦和新加坡。国际航空运输协会还在安曼、雅典、曼谷、达卡、香港、雅加达、吉达、吉隆坡、迈阿密、内罗毕、纽约、波多黎各、里约热内卢、圣地亚哥、华沙和华盛顿设有地区办事处。

国际航空运输协会基本职能包括：国际航空运输规则的统一，业务代理，空运企业间的财务结算，技术上合作，参与机场活动，协调国际航空客货运价，航空法律工作，帮助发展中国家航空公司培训高级和专门人员。

另外，建立统一票价，统一票务安排也是职责所在。国际航协发布协议协调运营商们接受其他运营商的票价和运单。这不仅是允许"联盟"业务（意为同一个世界），也使得区域支线服务是可行的。IATA 充当运费分销代理，支付给小公司及支线航空公司费用，并且从主要运营商（包括国际的运营商）处重新获取成本费用。

二、欧洲民用航空大会（ECAC）

1953 年，欧洲会议召开协调欧洲航空运输协调大会（CATE），讨论改进提高与会欧洲国家航空公司之间的商业和技术合作的方法，以及确保在欧洲国家之间的商业权利交换方面紧密合作的可能性。为了跟进会议通过的建议，欧洲航空运输协调会议（CATE）提出建立一个服务于欧洲航空当局的常设机构。这个组织被称为欧洲民用航空大会（ECAC），并于 1955 年举行了首届会议。

ECAC 的目标是：

（1）继续欧洲航空运输协调会议（CATE）的工作；

（2）回顾欧洲内部航空运输的发展与对象并改进；

（3）思考上述两方面可能出现的任何特殊问题。

ECAC 的成员包括所有欧盟国家，需要实行一致的、来自欧盟条约和欧洲单一法产生的程序和规则。其建议由欧洲议会和欧洲理事会提出并以协调的方式来确保欧洲航空安全。在 1970 年，一些欧洲民用航空主管部门基于共同联合适航要求开始合作，以便促进欧洲合建的产品的认证。这导致了 1989 年联合航空局（JAA）成为 ECAC 的一个相关机构。JAA 负责监管和制定 ECAC 国家之间的合作基础上的通用安全标准和程序。

三、联合航空局（JAA）

联合航空局（JAA）于 20 世纪 70 年代建立，其组成国家和成员由在 1990 年塞浦路斯签署的协议来限制约束，JAA 的主要目标是：

（1）在成员国内确保通过合作以促成共同高水平的安全；

（2）通过统一安全标准的实施，以促进公平和平等的各成员国之间的竞争；

（3）瞄准高效能的安全性和最低监管成本，从而有助于欧洲工业的国际竞争力。

JAA 的运作方式是尽可能接近单一权威，而不是致力于正式在法律上成为一个要求其中每个国家放弃其最终责任的国际机构。JAA 的成员对 ECAC 的成员国民航当局采取开放的态度，这使得每个国家航空管理局（NAA）继续存在，并在 JAA 组织内发挥其特定委派作用。NAA 也可对运营商颁发许可和实施监管。

JAA 当局可实施以下职能：

（1）在航空器的设计、制造、维护和操作方面制定、通过并颁发联合航空规定（JARs），并对航空个体实施证照监管；

（2）制定 JAR 文件的实施管理和技术程序；

（3）以协调和统一的方式实现 JAR 文件与相关行政管理和技术程序的合作；

（4）采取措施尽可能地确保达成的 JAA 的安全目标，而非不合理地扭曲成员国航空业之间的竞争，或致使隶属于成员国的地方公司相较于非成员国的公司在竞争中处于劣势；

（5）欧洲范围在统一航空安全规则上提供基本核心的专业知识；

（6）在需要适当进行联合认证的时候建立对产品和服务的联合认证程序；

（7）和其他安全监管机构展开统一规范和程序上的协调与合作，尤其是对美国联邦航空管理局（FAA）；

（8）若可行的话，与外国安全监管部门进行协调合作，特别是与 FAA 在产品和服务的认证方面加强合作。

JAA 由隶属于 ECAC 的全体会议的授权工作委员会掌控，并向 JAA 董事会总干事报告工作（也即 JAA 董事会）。该 JAA 董事会商议和审查 JAA 的一般政策和长期目标。

在机组执照、航空器设计和适航规范及商业运输上，JAA 制定了一套全面的文档管理设置标准。一些分发的文件包括：

（1）JAR-FCL 涵盖飞行机组执照；

（2）JAR-OPS 涵盖商用航空运输；

（3）JAR-STD 包括飞行模拟器和合成飞行训练设备；

（4）JAR-23 和 25 涵盖飞机的适航性要求。

JAA 的分支机构主体上由董事局和各委员会构成，秘书长领衔的秘书处为具体实施职能机构，下设法律、证照、维修、运营、许可和行政六个部门，如图 3-3 所示。

当前世界上的两大飞机制造商分别位于美国和欧洲。在美国由 FAA 引导航空业，而在欧洲的不同国家当局之间协调却很困难。为了克服这个问题，JAA 充当监管机构使得欧洲的程序与 FAA 接轨。这样做的结果是使欧洲的产品可被北美市场接受，也可为欧洲制造商供给北美制造的飞机及备件。并非巧合的是，涉及大飞机的规定包含在 JAR 的 25 中，而 FAA 相对应地也位于其联邦航空条例（FAR）的第 25 章节。同样，通勤类飞机的规定分别包含在 JAR-23 和 FAR-23 当中。

2007 年以来的 JAA 一直处于转型期，它可能被欧洲航空安全局（EASA）所取代。因此，JAA 的运作接近尾声。这也符合欧盟和欧洲理事会的发展目标。EASA 将取代所有不同国家当局并接任成为欧洲航空的权威掌管机构，各国当局将演化为欧洲航空安全局的分支机构。

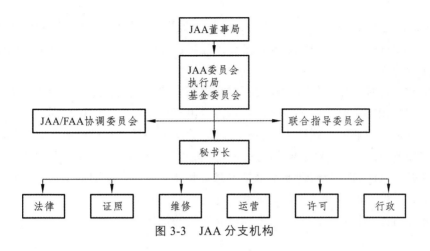

图 3-3　JAA 分支机构

四、欧洲航空安全局（EASA）

由于 JAR 的所有要求对其成员国都不具有法律效力，各国的航空当局还会根据自己国家的情况或高或低地制定航空法规，所以欧洲各国间的航空规则标准不能完全统一，这不利于欧洲区域一体化的进一步发展，也不能满足欧洲航空领域未来的需要。因此，客观上就需要一个拥有更大权力的、对成员国具有约束力的组织来统一管理欧洲的航空领域，这就是欧洲联盟领导下的"欧洲航空安全局"（EASA）。

欧盟（EU）自成立以来就一直在为欧洲寻找一个类似于美国的联邦航空局（FAA）的航空安全机构，来负责起草并制定全欧盟的民用航空安全和环境方面的规定，使其达到较高安全水平的要求；并在整个欧洲实施统一的航空管理和监控实施机制，将其提升到世界级水平。除了帮助确保一致性和高水平的航空安全，该机构也有助于推进航空工业的竞争力，从而促进有效率地管制和降低航空公司、制造厂家、服务组织和其他业内机构的取证成本。

2002 年 6 月，欧盟十五国在布鲁塞尔的会议上决定成立"欧洲航空安全局"（EASA），目标是最大限度地保护公民的安全，促进欧盟航空业的发展。EASA 将接替所有 JAA 的职能和活动，同时允许非欧盟的 JAA 成员国和其他非欧盟的国家加入。由此，欧洲自由贸易组织（挪威、瑞士和冰岛）在 EASA 成立后加入了欧洲航空安全局。

EASA 机构的主要职责是起草民用航空安全法规，它还将给欧盟提供技术上的专家，并对有关的国际协议的结论提供技术上的帮助。除此之外，该机构执行与航空安全相关的运行颁证工作，例如航空产品和有关设计、制造和维护的组织的认证。这些认证活动有助于确保适航性和环保标准在成员国内达到同等水平。客观上也要求在欧盟内部必须有这样一个权力机构进行立法和对法规的实施进行监督。因此在同年的七月，欧盟委员会一致通过编号为 1592/2002 的法案，也是 EASA 的一个基本立法文件。文件中规定，要建立持续保障民用航空安全和环境保护的通用规则，建立欧洲航空安全局确保实施其法规规定的职能。并通过第二级的立法，建立有关所有机型的持续适航标准，同时也规定了负责飞机设计、制造和维修相关的机构和人员的安全标准。在 2003 年 9 月，通过了 1702/2003 号法案的实施规则的产品审定部分，它包括一个实施法规 21 部和相关的审定规范（CS-23、CS-25、CS-E 等）。在同年的 11 月，又通过了 2042/2003 的实施规则的维护部分，它包括四个实施法规 M 部（适航）、

145 部（维修机构）、66 部（放行人员）、147 部（维修培训机构）和相关 AMC（当局接受的符合性方法）和 GM（指导文件）。今后 EASA 还将法规范围扩大到飞机营运人的运行规范和飞行员执照等方面。

EASA 的总部将由原来临时设在比利时布鲁塞尔的办公地点迁到德国的科隆。EASA 的成立，对全球民用航空业产生了巨大的影响力。由于欧盟从十五国扩大到二十五国，新成员的加入为其欧盟航空业的发展注入了新的活力。劳动力和货物在成员国之间自由流动是欧盟的一个基本原则。经过 EASA 批准的产品和服务将适用于整个欧洲，无须再取得各国的批准。因此，现在西北欧的航空公司把航空维护、修理和翻修工作转移到低成本的东欧和亚洲的维修公司，可以降低 20%～40% 的营运成本。究其原因，维修业成本的 70% 是劳务费，所以工资水平低而又有必要技术的国家在这方面就有明显的优势。

第三节　我国航空法规主管机构

国务院民用航空主管部门，即中国民用航空局（简称民航局），是当前我国航空法规的主管机构。

一、中国民用航空局（CAAC）

中国民用航空局（Civil Aviation Administration of China，CAAC）是中华人民共和国国务院主管民用航空事业的国家局，归交通运输部管理。其前身为中国民用航空总局，在 1987 年以前曾承担中国民航的运营职能；2008 年 3 月，由国务院直属机构改制为部委管理的国家局，同时更名为中国民用航空局，标志如图 3-4 所示。

图 3-4　中国民用航空局标志

1949 年 11 月 2 日，中国民用航空总局成立，揭开了我国民航事业发展的新篇章。从这一天开始，新中国民航迎着共和国的朝阳起飞，从无到有，由小到大，由弱到强，经历了不平凡的发展历程。特别是十一届三中全会以来，我国民航事业在航空运输、通用航空、机群更新、机场建设、航线布局、航行保障、飞行安全、人才培训等方面持续快速发展，取得了举世瞩目的成就。民航事业的发展与国家的经济发展，与党中央、国务院直接领导和支持密不可分，是几代民航干部职工励精图治、团结奋斗的结果，为祖国蓝天事业书写了壮丽的篇章。

（一）中国民航局的历史沿革

1. 第一阶段（1949—1978 年）

1949 年 11 月 2 日，中共中央政治局会议决定，在人民革命军事委员会下设民用航空局，受空军指导。11 月 9 日，"中国航空公司"总经理刘敬宜和"中央航空公司"总经理陈卓林，率领 2 000 多名员工在香港起义，两公司的 12 架飞机胜利飞抵北京、天津，为新中国民航建设提供了一定的物质和技术力量。1950 年，新中国民航初创时，仅有 30 多架小型飞机，年旅客运输量仅 1 万人，运输总周转量仅 157 万吨公里。

1958 年 2 月 27 日，国务院通知：中国民用航空局自本日起划归交通部领导。1958 年 3 月 19 日，国务院通知：全国人大常委会第 95 次会议批准国务院将中国民用航空局改为交通部的部属局。

1960 年 11 月 17 日，经国务院编制委员会讨论原则通过，决定中国民用航空局改称"交通部民用航空局"。为部属一级管理全国民用航空事业的综合性局，负责经营管理运输航空和专业航空，直接领导地区民用航空管理局的工作。

1962 年 4 月 13 日，第二届全国人民代表大会常务委员会第五十三次会议决定民航局名称改为"中国民用航空局"。

1962 年 4 月 15 日，中央决定将民用航空局由交通部属改为国务院直属局，其业务工作、党政工作、干部人事工作等均划归空军负责管理。这一时期，由于民航领导体制几经改变，航空运输发展受政治、经济影响较大，1978 年，航空旅客运输量仅为 231 万人，运输总周转量才 3 亿吨公里。

2. 第二阶段（1978—1987 年）

1978 年 10 月 9 日，邓小平同志指示民航要用经济观点管理。1980 年 2 月 14 日，邓小平同志指出"民航一定要企业化"。同年 3 月 5 日，中国政府决定民航脱离军队建制，把中国民航局从隶属于空军改为国务院直属，实行企业化管理。这期间中国民航局政企合一，既是主管民航事务的政府部门，又是以"中国民航"名义直接经营航空运输、通用航空业务的全国性企业。下设北京、上海、广州、成都、兰州（后迁至西安）、沈阳 6 个地区管理局。1980 年全民航只有 140 架运输飞机，且多数是 20 世纪 40 年代或 50 年代生产制造的苏式伊尔 14、里二型飞机等，载客量仅 20 多人或 40 人，载客量 100 人以上的中大型飞机只有 17 架；机场只有 79 个。1980 年，我国民航全年旅客运输量仅 343 万人；全年运输总周转量 4.29 亿吨公里，居新加坡、印度、菲律宾、印尼等国之后，列世界民航第 35 位。

3. 第三阶段（1987—2002 年）

1987 年，中国政府决定对民航业进行以航空公司与机场分设为特征的体制改革。主要内容是将原民航北京、上海、广州、西安、成都、沈阳 6 个地区管理局的航空运输和通用航空相关业务、资产和人员分离出来，组建了 6 个国家骨干航空公司，实行自主经营、自负盈亏和平等竞争。这 6 个国家骨干航空公司是：中国国际航空公司、中国东方航空公司、中国南方航空公司、中国西南航空公司、中国西北航空公司以及中国北方航空公司。此外，以经营通用航空业务为主并兼营航空运输业务的中国通用航空公司，也于1989年7月成立。

在组建骨干航空公司的同时，在原民航北京管理局、上海管理局、广州管理局、成都管理局、西安管理局和沈阳管理局所在地的机场部分基础上，组建了民航华北、华东、中南、西南、西北和东北六个地区管理局以及北京首都机场、上海虹桥机场、广州白云机场、成都双流机场、西安西关机场（现已迁至咸阳，改为西安咸阳机场）和沈阳桃仙机场。六个地区管理局既是管理地区民航事务的政府部门又是企业，统一领导管理各民航省（区、市）局和机场。

航空运输服务保障系统也按专业化分工的要求相应进行了改革。1990年，在原民航各级供油部门的基础上，组建了专门从事航空油料供应保障业务的中国航空油料总公司，该公司通过设在各机场的分支机构为航空公司提供油料供应。属于这类性质的单位还有从事航空器材（飞机、发动机等）进出口业务的中国航空器材公司；从事全国计算机订票销售系统管理与开发的计算机信息中心；为各航空公司提供航空运输国际结算服务的航空结算中心；以及飞机维修公司、航空食品公司等。

1993年4月19日，中国民用航空总局改称中国民用航空局，属国务院直属机构。同年12月20日，中国民用航空局的机构规格由副部级调整为正部级。

这一阶段的20多年中，我国民航运输总周转量、旅客运输量和货物运输量年均增长分别达18%、16%和16%，高出世界平均水平两倍多。2002年，民航行业完成运输总周转量165亿吨公里、旅客运输量8594万人、货邮运输量202万吨，国际排位进一步上升，成为令人瞩目的民航大国。

4. 第四阶段（2002年至今）

2002年3月，中国政府决定对中国民航业再次进行重组。主要内容有：

航空公司与服务保障企业的联合重组，民航局直属航空公司及服务保障企业合并后于2002年10月11日正式挂牌成立，组成六大集团公司，分别是：中国航空集团公司、东方航空集团公司、南方航空集团公司、中国民航信息集团公司、中国航空油料集团公司、中国航空器材进出口集团公司。成立后的集团公司与民航局脱钩，交由中央管理。

民航政府监管机构改革民航局下属7个地区管理局(华北地区管理局、东北地区管理局、华东地区管理局、中南地区管理局、西南地区管理局、西北地区管理局、新疆管理局)和26个省级安全监督管理办公室（天津、河北、山西、内蒙古、大连、吉林、黑龙江、江苏、浙江、安徽、福建、江西、山东、青岛、河南、湖北、湖南、海南、广西、深圳、重庆、贵州、云南、甘肃、青海、宁夏），对民航事务实施监管。

按照政企分开、属地管理的原则，对90个机场进行了属地化管理改革，民航局直接管理的机场下放所在省（区、市）管理，相关资产、负债和人员一并划转；民航局与地方政府联合管理的民用机场和军民合用机场，属民航局管理的资产、负债及相关人员一并划转所在省（区、市）管理。首都机场、西藏自治区内的民用机场继续由民航局管理。2004年7月8日，随着甘肃机场移交地方，机场属地化管理改革全面完成，也标志着民航体制改革全面完成。

2004年，民航行业完成运输总周转量230亿吨公里、旅客运输量1.2亿人、货邮运输量

273 万吨、通用航空作业 7.7 万小时。截至 2004 年年底，我国定期航班航线达到 1 200 条，其中国内航线（包括香港、澳门、台湾航线）975 条，国际航线 225 条，境内民航定期航班通航机场 133 个（不含香港、澳门、台湾），形成了以北京、上海、广州机场为中心，以省会、旅游城市机场为枢纽，其他城市机场为支干，联结国内 127 个城市，联结 38 个国家 80 个城市的航空运输网络。民航机队规模不断扩大，截至 2004 年年底，中国民航拥有运输飞机 754 架，其中大中型飞机 680 架，均为世界上最先进的飞机。2004 年中国民航运输总周转量达到 230 亿吨公里（不包括香港、澳门以及台湾），在国际民航组织 188 个缔约国中名列第 3 位。

新中国民航半个多世纪的发展历程证明：发展是硬道理。不断深化改革，扩大开放，是加快民航发展的必由之路。当前，民航全行业正在认真贯彻落实党的精神，认真研究如何从加强执政能力建设，提高驾驭社会主义市场经济条件下民航快速健康发展的能力入手，以制定民航"十四五"发展规划为契机，为实现从民航大国到民航强国的历史性跨越而努力奋斗！

（二）民航局的行政机构简介

民航局主要行政机构有：综合司、航空安全办公室、政策法规司、发展计划司、财务司、人事科教司、国际司（港澳台办公室）、运输司、飞行标准司、航空器适航审定司、机场司、空管行业管理办公室、公安局等，其中跟航行原则技术相关的部门主要是飞行标准司、适航司、航空安全办公室和空管行业管理办公室。民航局机关各厅、室、司、局英文名称和两字代码如表 3-1 所示。

表 3-1　民航局机关各厅、室、司、局英文名称和两字代码一览表

名称	英文全称	两字代码
办公厅	General Office	GO
航空安全办公室	Office of Aviation Safety	AS
政策法规司	Department of Policies，Laws and Regulations	LR
规划发展司	Department of Planning	PL
财务司	Department of Finance	FI
人事科教司	Department of Personnel，Science，Technology and Education	PE
国际合作司	Department of International Affairs and Cooperation	IA
运输司	Department of Air Transportation	TR
飞行标准司	Department of Flight Standard	FS
航空器适航审定司	Department of Aircraft Airworthiness Certification	AA
机场司	Department of Airport	CA
公安局	Aviation Security Bureau	SB
空中交通管理局 空管行业管理办公室	Air Traffic Management Bureau	TM

(三）民航局和地区管理局的职责

《中华人民共和国民用航空法》第一章总则第3条规定："国务院民用航空主管部门对全国民用航空活动实施统一监督管理；根据法律和国务院的决定，在本部门的权限内，发布有关民用航空活动的规定、决定。国务院民用航空主管部门设立的地区民用航空管理机构依照国务院民用航空主管部门的授权，监督管理各该地区的民用航空活动。"

也就是说，中国民用航空局作为国务院民用航空主管部门，其权力与职责是《中华人民共和国民用航空法》所赋予的。一方面，作为立法机构，民航局要承担制定各项与民航活动有关规章的职责；另一方面，作为行政监管机构，还需要监督、监管法律法规的落实和实施。

民航局的基本职责包括[①]：

（1）提出民航行业发展战略和中长期规划、与综合运输体系相关的专项规划建议，按规定拟订民航有关规划和年度计划并组织实施和监督检查。起草相关法律法规草案、规章草案、政策和标准，推进民航行业体制改革工作。

（2）承担民航飞行安全和地面安全监管责任。负责民用航空器运营人、航空人员训练机构、民用航空产品及维修单位的审定和监督检查，负责危险品航空运输监管、民用航空器国籍登记和运行评审工作，负责机场飞行程序和运行最低标准监督管理工作，承担民航航空人员资格和民用航空卫生监督管理工作。

（3）负责民航空中交通管理工作。编制民航空域规划，负责民航航路的建设和管理，负责民航通信导航监视、航行情报、航空气象的监督管理。

（4）承担民航空防安全监管责任。负责民航安全保卫的监督管理，承担处置劫机、炸机及其他非法干扰民航事件相关工作，负责民航安全检查、机场公安及消防救援的监督管理。

（5）拟订民用航空器事故及事故征候标准，按规定调查处理民用航空器事故。组织协调民航突发事件应急处置，组织协调重大航空运输和通用航空任务，承担国防动员有关工作。

（6）负责民航机场建设和安全运行的监督管理。负责民用机场的场址、总体规划、工程设计审批和使用许可管理工作，承担民用机场的环境保护、土地使用、净空保护有关管理工作，负责民航专业工程质量的监督管理。

（7）承担航空运输和通用航空市场监管责任。监督检查民航运输服务标准及质量，维护航空消费者权益，负责航空运输和通用航空活动有关许可管理工作。

（8）拟订民航行业价格、收费政策并监督实施，提出民航行业财税等政策建议。按规定权限负责民航建设项目的投资和管理，审核（审批）购租民用航空器的申请。监测民航行业经济效益和运行情况，负责民航行业统计工作。

（9）组织民航重大科技项目开发与应用，推进信息化建设。指导民航行业人力资源开发、科技、教育培训和节能减排工作。

（10）负责民航国际合作与外事工作，维护国家航空权益，开展与港澳台的交流与合作。

（11）管理民航地区行政机构、直属公安机构和空中警察队伍。

（12）承办国务院及交通运输部交办的其他事项。

民航局在全国下设有七大地区管理局，分别是华北管理局、西北管理局、中南管理局、

[①] 参见民航局官网：http://www.caac.gov.cn/PHONE/GYMH/ZYZZ/

西南管理局、华东管理局、东北管理局和新疆管理局。

七大地区管理局的管辖范围分别是：

（1）华北地区管理局：北京、天津、内蒙古、河北、山西分局，总部位于北京；

（2）西北地区管理局：陕西、甘肃、宁夏、青海，总部位于西安；

（3）中南地区管理局：广东、广西、湖南、湖北、河南、海南，总部位于广州；

（4）西南地区管理局：四川、贵州、云南、西藏、重庆，总部位于成都；

（5）华东地区管理局：上海、山东、江苏、浙江、安徽、江西、福建，总部位于上海；

（6）东北地区管理局：辽宁、吉林、黑龙江，总部位于沈阳；

（7）新疆管理局：新疆，总部位于乌鲁木齐。

地区管理局的职责是：民航局授权之下、限于本区域范围监督管理该地区的民用航空活动。与民航局职责不同的是，地区管理局没有立法的权力，只是作为一个地区的行政职能监管机构存在，其制定的规章没有普遍的法律效力。

二、我国与国际民航组织

我国是国际民航组织的创始国之一，国民政府于 1944 年签署了《国际民用航空公约》，并于 1946 年正式成为会员国。所以也是《芝加哥公约》最早的签字国和批准国之一（1946 年 2 月 20 日交存批准书），是国际民航组织首届理事国之一（1947 年第二届国际民航大会当选）。

1971 年 11 月 19 日国际民航组织第七十四届理事会第十六次会议通过决议，承认中华人民共和国政府为中国唯一合法代表。

1974 年我国承认《国际民用航空公约》并参加国际民航组织的活动。同年我国当选为二类理事国。在与国际民航事务中断 30 年之后，2004 年 10 月在 ICAO 的第 35 届大会上，中国高票当选为第一类理事国，显示我国在民航运输方面已拥有了重要的国际地位，由此重返国际民航的中心舞台。现在，ICAO 总部蒙特利尔也设有中国常驻国际民航组织理事会代表处。

2013 年 9 月 28 日，中国在加拿大蒙特利尔召开的国际民航组织第 38 届大会上再次当选为一类理事国。这是自 2004 年以来，中国第四次连任一类理事国。当天参加投票选举的国家有 173 个，除中国外，德国、日本、意大利、澳大利亚、俄罗斯、巴西、美国、英国、法国、加拿大也同时继续当选一类理事国。

在中国经济社会持续发展的推动下，中国航空运输业进入了快速发展的新阶段。作为现今世界的第二大航空运输体系，2016 年中国完成航空运输总周转量 960.9 亿吨公里，同比增长 12.8%；完成旅客周转量 8 359.5 亿人公里，同比增长 14.8%。同时，中国民航在安全记录、提供空中航行服务、机场和机队的拥有量方面也取得了举世瞩目的成绩。

作为国际民航组织的创始国之一，中国积极参与国际民航组织各类活动和项目。2010 年来，中国向国际民航组织的航空保安行动计划、北亚地区运行安全及持续适航合作、非洲航空安全全面实施计划项目提供了 82 万美元捐款，并与国际民航组织合作为发展中国家培训了 200 多名航空专业人员。

作为国际民航组织的第一类理事国，与其他民航发达国家一样，我们已经站在了国际民航界的中心舞台。国际机场协会表示，中国已经成为世界上机场数目增长最快的国家。2010年11月14日，国务院、中央军委对外发布了《关于深化我国低空空域管理改革的意见》，长期制约我国通用航空发展的空域瓶颈，有望被逐步打破。通用航空制造、维修、运管和空管设备等行业都将受益于低空空域的开放。作为战略性新兴产业重要组成部分的通航产业，将带动超万亿元的市场规模，以及整个产业链的10年黄金期。由此，中国民用航空市场将成为世界航空产业最具增长潜力的市场，中国被认为是全球民航业中发展最快、发展潜力最大的国家。我们由此可以乐观地期待，中国在国际民航组织中扮演更为关键的领导角色，在航行原则技术领域占据更大的话语权，为国际民航运输的全球统一运行的标准化做出更重要的贡献。

本章介绍航空法规的主管机构，包括国际民航组织的背景、性质、宗旨、目的，重点介绍了其机构及职能；之后介绍了国际航空运输协会、欧洲民用航空大会、联合航空局、欧洲航空安全局等其他国际组织；最后介绍作为我国航空法规主管机构的中国民用航空局，包括其历史沿革、行政机构、职责、地区管理局以及我国在国际民航组织中的地位。

第四章　华沙体系及《罗马公约》

就航空活动而言，首先要解决的是公法问题，诸如主权、领土、国籍和国家关系等。在私法领域，无论是财产权利、损害赔偿，还是合同法与侵权行为法，各国法律规则的差别巨大、冲突突出。因此，国际上采取统一原则和规则是国际航空运输的前提条件，1929年《华沙公约》就是解决这种差别与冲突的典型之作。

第一节　华沙体系

一、1929年《华沙公约》

1929年《统一国际航空运输某些规则的公约》（简称1929年《华沙公约》）及其后的9个修订补充文件共同构成了华沙体系，华沙体系的基础文件是1929年《华沙公约》。

（一）缔结根源

统一国际航空运输凭证，解决国际航空运输过程中旅客、行李与货物损害事故等民事责任问题，是国际航空的一项重要课题，也是航空法的一项基本内容。

航空活动的国际性，决定存在大量的国际航班，各航班上有不同国籍的旅客，一旦发生航空事故，在管辖法院与适用法律的选择上势必会引起复杂的法律冲突。正是预见到这一点，1925年在巴黎召开第一次航空私法国际会议，由此产生的"航空法专家国际委员会"（CITEJA）花了三四年时间议定民事责任法律条文，终于在1929年10月12日华沙第二次航空私法国际会议上，通过了《统一国际航空运输某些规则的公约》（通称《华沙公约》），这是第一部国际统一的航空民事责任法典。

（二）适用范围

1929年《华沙公约》只适用于它专门定义的"国际运输"（第1条），即是以始发地、经停地和目的地是否在两个缔约国境内为标准的，与承运人的国籍或旅客、托运人的国籍无关。

（三）主要内容

1. 运输凭证（第3~11条）

统一规定了飞机票、行李票与运货单的内容、规格及在运输合同中的法律地位，为实施国际统一的华沙责任规则奠定了基础。

2. 责任制度（第 17~25 条）

承运人"有过失、无过失、故意行为"所造成的损害赔偿责任和赔偿限额截然不同，这是 1929 年《华沙公约》实体性规则的主体，一套独具特征的国际航空承运人责任规则，主要包括推定过失责任制和限制承运人的责任。

推定过失责任制（第 17、18 条）是具有开创性的制度，所谓"承运人主观上没有过失"，是指为避免损害，承运人已经采取一切必要措施，或不可能采取此等措施。公约规定，证明"承运人是否有过失"的法庭举证由承运人提供，即除非承运人能举证证明其主观上没有过失，否则就依法推定承运人主观上有过失而承担损害赔偿责任，这一点明显对旅客有利。

限制承运人的责任（第 22、23 条）则既可以不让承运人（航空公司）逃避责任，又不用让其承担"无限责任"。1929 年《华沙公约》规定，承运人对用户的损害赔偿责任是有限制的，赔偿数额一般不得超过公约规定的最高限额，第 22 条规定对旅客赔偿限额 125 000 法郎（当时的国际货币结算单位是普安卡雷法郎，即 8 300 美元），行李每公斤 250 法郎，随身行李每人 5 000 法郎。限制责任在一定程度上也保障了用户的索赔权利（第 23 条）。含金纯度为千分之九百的 65.5 毫克的法国普安卡雷法郎，各国折算后取整。

对于不限制承运人的责任的特定条件包括：对于承运人未交给客票，行李票或航空运货票或所开票据不合格的（第 3、4、9 条）。不限责任是对承运人遵守条约规定的一种有效制裁措施。

另外，公约第 25 条阐明了对于承运人有意或不顾后果的不法行为造成损害的，承运人无权引用本公约关于免除或限制承运人责任的规定。

3. 管辖法院和诉讼时限（第 28、29 条）

有关赔偿的诉讼，应按原告的意愿，在缔约国的领土内，向承运人住所地，或其总管理处所在地，或签订契约的机构所在地，或目的地法院提出（第 28 条）。诉讼时限为到达目的地之日起，或应该达到之日起，或从运输停止之日起两年内提出，否则就丧失追诉权（第 29 条）。

1929 年《华沙公约》制定了一套相当完整的国际航空运输民事责任规则体系，1933 年正式生效以来，至今已有 130 多个缔约国，许多国家还订入国内法中使之适用于国内航运。实践证明，其基本规则是公平与公正的，对国际航运发展发挥了积极有益的作用，被誉为在国际私法领域实行国际统一规则的典型范例。

二、华沙体系的其他公约

（一）1955 年《海牙议定书》

随着二战后加入 1929 年《华沙公约》的国家越来越多，使得公约在实施的时候遇到越来越大的矛盾和冲突，其矛盾的焦点在于责任限额的高低问题，美国与其他国家发生严重分歧，如当时著名的"罗斯诉泛美航空公司"案件。

1955 年召开的海牙外交会议上，拟定并颁发了《修改一九二九年十月十二日在华沙签订的统一国际航空运输某些规则的公约的议定书》（简称 1955 年《海牙议定书》）。它对 1929 年

《华沙公约》的修改有三个方面：

（1）将承运人对每位旅客的责任限额提高一倍（250 000 法郎，即 16 600 美元）；

（2）重新修订原公约第 25 条，不限制承运人和其受雇人或其代理人的故意行为（故意造成损失或明知可能造成损失而漠不关心的行为或不行为）造成损害的赔偿；

（3）简化了关于运输凭证的规定，以国际航协（IATA）制订的统一"共同条约"为依据。

1993 年，我国国际、东方和南方航空公司正式加入了国际航空运输协会。

除以上三点重要修改外，1955 年《海牙议定书》还在不少细节条文上修订了原《华沙公约》的缺陷。该议定书于 1963 年 8 月生效，我国在 1975 年 8 月批准缔结，迄今已有 127 个缔约国。1955 年《海牙议定书》在一定程度上修正和完善了之前的 1929 年《华沙公约》，在焦点冲突矛盾的问题上部分平衡了各国的航空权益，因此在一定时期内得到了较大国际范围的认同。

（二）1961 年《瓜达拉哈拉公约》

到 20 世纪 60 年代初期，国际民航事业进入了第一个黄金发展时期。包租飞机，尤其是航空公司之间为调剂运力而委托代运的所谓"湿租"（带机组人员的租用飞机）越来越多，由此订立合同的"立约承运人"和实际承担运输任务的"实际承运人"相分离，从而引起了诸多亟待解决的法律问题。1961 年 9 月 18 日签订的《瓜达拉哈拉公约》界定和区分了这两种承运人，并规定华沙公约和海牙议定书同样适用于实际承运人和缔约承运人。该议定书于 1964 年 5 月生效，迄今有 77 国缔结，但我国考虑其内容单一、偏于理论且缺乏实用性而未加入该公约。

（三）1966 年《蒙特利尔（暂时）协议》

由于一直对公约的低限额不满，美国 1965 年一度威胁要退出《华沙公约》，并提出将旅客的责任限额提高至 10 万美元，以此作为继续接受公约约束的条件。1966 年 5 月 13 日，以美国民航委员会为一方，以世界各大航空公司为另一方，双方达成了一项民间契约性质的协议，后称为 1966 年《蒙特利尔协议》。该协议对华沙公约做出了重大修改，它规定凡进出美国的国际航班，对每位旅客的责任限额为 75 000 美元（含诉讼费）或 58 000 美元（不含诉讼费），并规定承运人不得引用公约采取一切必要措施即免责的规定来作为抗辩理由。

对该文件的法律地位，在美国和世界上都有争议。因为作为民间协议其本身不具备国际法效力，而这个协议却要对一个得到普遍接受的国际公约做出重大修改，这一点上是有悖常理的。但在另一点上，它却具有很大的实用价值，因为至今通行美国航线的各国航空公司仍以承运人的身份适用于该协议，现今我国的一些航空公司也是该协议的当事方。

（四）1971 年《危地马拉议定书》

1971 年 3 月的危地马拉城外交会议，也是国际运输业界屈服于美国航空霸权的另一个重要表现，会议签订了《危地马拉议定书》。它主要修订了旅客与行李运输规则，并将责任限额大幅度提高至 10 万美元，还允许缔约国在境内实行一种补充赔偿制度，以对人身伤亡的索赔人提供赔偿，等等。该文件的签订招致了众多国家的抨击，因此除美国外，很少有国家对它有兴趣。而更具有讽刺意味的是，这个议定书即便是在美国参议院也迟迟得不到批准，所以它至今仍未生效。

（五）1975 年四个《蒙特利尔议定书》

20 世纪 60 年代末至 70 年代初，国际货币危机日益严重，《华沙公约》责任限额的折算成为一个棘手问题。1975 年在蒙特利尔召开的航空法外交会议临时决定制定三个附加议定书，将华沙、海牙和危地马拉责任限额的计算单位（法郎）一律改为"特别提款权"。但在数额方面，未作实质变化。而第四号附加议定书则是专门修订华沙、海牙货运规则的文件，并体现了一些计算机应用于航运管理的发展趋势。我国一直未加入该 1975 年四个《蒙特利尔议定书》。

三、华沙体系的发展及变革

由 1929 年《华沙公约》和它的上述共八个议定书或修补文件组成的这一系列规则体系，通常被称为"华沙体制"或"华沙体系"（Warsaw System）。其主要的问题，显然是多个文件并存造成法律上的冲突。因为一个国家不一定批准或加入所有华沙体系内的文件，各文件的缔约国也不大可能是整齐划一的，于是可能经常出现一种复杂且不合理的情况是：乘坐同一航班的旅客，如果飞机失事，就会因出发地、目的地或经停地点不同，而适用不同的责任规则和责任限额，其所得赔偿也可能大不一样（如 1974 年"巴黎空难案"）。在另一方面，各缔约国中还有仅批准 1929 年《华沙公约》而未批准后续的 1955 年《海牙议定书》等修订文件的国家，还有仅批准了 1955 年《海牙议定书》的国家，那么这些国家之间，适用统一的运输责任规定就无从谈起。

从华沙体系历史演变发展过程及造成的影响中不难看出，由于各国航空发展状况的差异而主张不一，华沙体系很难成功地扮演其本初统一国际航运规则的角色，而在实际运用中也经常出现因为适用于不同的责任规则和限额，而造成不同国籍的旅客所得的损害赔偿可能大相径庭的混乱局面。

鉴于存在以上弊端，1975 年 ICAO 通过一项决议，要求国际民航法律委员会起草一个合并所有华沙体系文件的统一文本，以求实行统一规则。进入 20 世纪 90 年代后，当华沙体系的旅客责任限制再度暴露出危机时，ICAO 采取了坚决行动，1995 年起草拟定，1997 年成立专门小组，1999 年 5 月 28 日定稿，终于诞生了新的、平衡经济发展水平悬殊的各国利益并适应科学技术现代化的新公约——《统一国际航空运输某些规则的公约》（俗称为 1999 年《新蒙特利尔公约》）。

新公约的主要改动内容有四个方面：

（1）对运输凭证规则的改动，恢复了运输凭证的正常动能；

（2）对客、货运均采取完全责任制度（客观责任制度）；

（3）增加了所谓"第五种管辖权"（有 5 个管辖法院）；

（4）大幅增加了赔偿限额（100 000 特别提款权）。

1999 年《新蒙特利尔公约》对客、货运都采取严格责任制度，与原来的华沙文件相比较，新公约最大的特点就是规定了承运人对旅客的双梯度责任制度，即在第一梯度下，无论承运人是否有过错，都要对旅客的死亡或者身体伤害承担以 100 000 特别提款权（在公约签署当日，1 特别提款权合人民币 11.163 10 元）为限额的赔偿责任。在第二梯度下，对超过 100 000 特别提款权的部分，只要承运人能够证明其没有过错，就不承担赔偿责任。此外，因旅客伤亡而产生的索赔诉讼的管辖，公约还增加了旅客的主要且永久居所所在地作为第五管辖权法院；规定了任何保存所作运输的记录的方法（包括电子手段）均可作为运输凭证，从而使得运输凭证更加简便、更加现代化。

2005 年 2 月 28 日，在中国正式当选 ICAO 第一类理事国的第二年，我国立法机关通过决定，批准了这个华沙体系的新文件。批准新公约有助于我国国际航空运输与国际接轨，提高我国航空公司的国际竞争力。如果我国继续沿用 1929 年《华沙公约》和 1955 年《海牙议定书》的运输凭证制度和赔偿责任制度，那么我国航空公司在运输规则方面就会落后于世界上的主要航空公司，从而削弱我国航空公司的国际竞争力，也不利于我国航空公司与外国航空公司进行代号共享和加入国际航空联盟等战略性合作的开展。同时，批准公约有助于保护航空运输消费者的利益。运输凭证制度的简化，有利于航空运输消费者更便利地使用航空运输服务；双梯度责任制度使得航空旅客的权益得到更有效、更大范围的保护；在发生航空器事故时，先行给付部分款项，有利于解决受害人及其家属的紧急经济困难；对承运人保险的要求，则使航空运输消费者的权益能够得到有效的保障。

可以说，1999 年《新蒙特利尔公约》是在高度概括了旧华沙体系基础上的更进一步的完善；但最为关键的是，新公约因为其照顾和平衡了经济发展水平悬殊的各国利益，而使其在实践中的下一步统一成为真正现实的可能。

新公约的诞生，无疑在平衡各国航空权益、合理推行统一国际规则上迈出了重大而有益的一步。在接下来的其他各国批准它的漫长路程中，让我们共同祈愿：华沙体系，走好你的世纪之路！

第二节　《罗马公约》

1929 年《华沙公约》只就国际航空运输问题统一了某些规则，而未解决飞行中的航空器对地面或者水面上第三人造成损害的责任问题。因此，从 1927 年 6 月开始，国际航空法律专家技术委员会着手研究对第三人的责任问题。但直到 1930 年，才就对第三人责任赔偿限额达成了协议。1933 年 5 月，在罗马举行第三届国际航空私法会议上，通过了《统一航空器对地（水）面上第三人造成损害的某些规则公约》，即 1933 年《罗马公约》。为了明确并限制航空器经营人的保险人的责任，后又签订了 1938 年《布鲁塞尔议定书》，作为 1933 年《罗马公约》的补充。

然而这两部公约也命运多舛。由于许多国家认为 1933 年《罗马公约》及后续的 1938 年《布鲁塞尔议定书》已落后于航空的发展形势，因而不批准该公约。但是，航空运输中的第三方责任不可回避，所以在 1948 年 5 月，开始了公约的修订工作。1952 年 10 月 7 日终于通过了新的《关于外国航空器对地（水）面第三人造成损害的公约》即1952年《罗马公约》，并于1958年2月4日起生效。这一部1952年《罗马公约》所规定的赔偿责任被当时许多国家认为太低，在国际民用航空组织的主持下，于1978年在蒙特利尔召开航空法会议上对该公约做出进一步修订，出台了1978年《蒙特利尔议定书》，其内容主要是提高了责任限额，如对人员死亡的每人赔偿限额由4万美元提高到15万美元。但是因为没有达到法定的生效国家数，迟迟没有生效，直到2002年7月25日，该议定书才正式生效。

为了更好地统一航空器对地面第三人的损害赔偿责任制度，实现1952年《罗马公约》的国际化统一，国际民用航空组织制定了《外国航空器对第三人造成损害的公约（草案）》，为推动两个《罗马公约》的现代化奠定了基础。

1952年《罗马公约》第23条规定："本公约适用于在一缔约国领土内，由在另一缔约国登记的航空器在飞行中对地面或者水面第三人造成的损害。就本公约而言，在公海上的船舶或者航空器应被视为该船舶或者航空器登记国的领土的一部分。"从中不难看出，1952年《罗马公约》所适用的范围是在另一缔约国登记的飞行中的航空器，对在缔约国领土内对地面第三人造成的损害，其要点具体释义如下。

一、航空器必须是在缔约国登记的

航空器必须是在缔约国登记的，否则公约将不予适用。在当时情况下，航空器包、租和换的业务并不发达，航空器的经营人国通常就是航空器的登记国，在二者重合的时候，不会产生法律适用上的难题，但是随着航空器包、租和换的业务不断发展，航空器的登记国和经营人的国籍国可能出现相分离的状况，而公约第2条第1款规定："本公约规定的赔偿责任，由航空器的经营人承担。"这是公约的核心内容，如果航空器的经营人所属国不是缔约国，在诸如责任的担保和保险的规定、对法院判决的执行等，都会遇到诸多的障碍。再如，该航空器在A国登记，被B国经营人所租赁，从事B国到C国的航空运输，如果A、B、C三国都是1952年《罗马公约》的缔约国，那么这次运输如果在C国对地面第三人造成损害，则适用1952年《罗马公约》；但如果航空器的登记国A国不是公约的成员国，即便B、C国都是该公约的缔约国，该公约也不适用。这一点上可以看出，单纯以航空器国籍划分，而忽视经营人国籍显然不太合理。

所以，之后的1978年《蒙特利尔议定书》对适用范围做出了适当修改，修订后的范围是：

（1）公约所指的在一缔约国领土内由在另一缔约国登记的航空器造成的损害，或者由不论在何处登记的但经营人的主营业所或无主营业所而其永久居所是在另一缔约国的航空器所造成的损害；

（2）就本公约而言，在公海上的船舶或者航空器应被视为该船舶或者航空器登记国的领土的一部分。

这样就解决航空器在包、租和换的业务中经营人所属国是《罗马公约》缔约国而航空器在非缔约国登记而不适用《罗马公约》的状况。

1978年《蒙特利尔议定书》在第17条中还对经营人所属国下了一个定义，"'经营人所属国'指登记国以外的、经营人在其领土上有主营业所或无主营业所而有永久居所的任何缔约国"。这样，就摆脱了航空器的国籍对公约适用的限制。

二、该损害发生在另一缔约国的领土内

"损害"是1952年《罗马公约》的核心关键词，第1条第1款规定："经证明，因飞行中的航空器或者从飞行中的航空器上落下的人或者物，造成地面（包括水面）上的损害的，受害人有权获得本公约规定的赔偿；但是，所受损害并非造成损害的事故的直接后果，或者所受损害仅是依照现行的空中交通规则在空中通过造成的，受害人无权要求赔偿。""所受损害并非造成损害的事故的直接后果"表明了所受损害是直接损害，而非间接损害。在制定公约过程中，这是一个争论十分激烈的问题，不少代表认为，将损害局限于与航空器直接接触所造成的损害，似乎不大公平。例如出席会议的美国代表卡尔金斯举例说，某人看到飞机在他身旁坠毁吓出了心脏病；飞机坠落物砸断了电线，致使电灯熄灭后引起的事故，等等。后来也的确发生过一些间接损害的事例。但是，司法判决和学者们的解释逐渐扩大化，认为只要从民用航空器上落下的人或物，以及该航空器坠毁是造成第三人的财产或人身伤害的近因，地面第三人就有权获得赔偿。

《外国航空器对第三人造成损害的公约（草案）》第1条"定义"中对"损害"的描述是"损害是指死亡、身体损害或对财产的损害"，并在脚注中标明"应包含一个就精神损害设定的适当限额"。这里明确规定了损害的范围，即造成第三人死亡、身体伤害和财产损害，同时还涉及精神损害这个敏感的话题。

另外，1952年《罗马公约》第30条对一国领土做出了规定，是指一国的本土以及在对外关系上由该国负责的一切领土。但该国可以"声明其对公约的接受不适用于其在对外关系上负责的一部分或几部分领土"。另外，根据公约第23条第2款的规定，"就本公约而言，在公海上的船舶或者航空器应被视为该船舶或者航空器登记国的领土的一部分"。

最后，公约中指出是航空器在"飞行中"对地面第三人造成的损害，其"飞行中"的概念尤为重要。根据1952年《罗马公约》第1条第2款的规定，航空器在"飞行中"是指："为本公约目的，航空器从为起飞而发动时起，到降落滑跑完毕时止，被认为是在飞行中。对于轻于空气的航空器，'在飞行中'一词指从与地（水）面脱离接触时起，到再接触地（水）面时止的期间。"这是国际航空法中第一次对"飞行中"下的定义，后来为1963年《东京公约》所仿效。

本章介绍华沙体系，重点介绍了1929年《华沙公约》的缔结根源、适用范围、主要内容，其次对华沙体系的后续9个修订补充文件（包括1955年《海牙议定书》、1961年《瓜达拉哈拉公约》、1966年《蒙特利尔协议》、1971年《危地马拉议定书》、1975年四个《蒙特利尔议定书》和1999年《新蒙特利尔公约》）作了简要介绍，最后对私法领域的《罗马公约》体系作了简要介绍。

第五章　航空刑法体系及《北京公约》

刑法，是关于犯罪和刑罚的法律规范的总称。

航空器的法律地位，其实质主要是指当航空器升空后，对其上或其内的各种行为（例如刑事犯罪、劫机、危及航行安全和机上正常秩序等）由谁来管辖并适用何国法律的问题。

随着人类航空活动的大量增加以及国际局势的演变，包括劫机在内的各种各样的航空犯罪事件也日益增多，通过国际立法来制止航空犯罪成为必然，从而导致了20世纪六七十年代三个著名国际公约的签订：1963年在东京缔结的《关于在航空器上犯罪及其某些行为的公约》（通称1963年《东京公约》），1970年在海牙缔结的《制止非法劫持航空器公约》（通称1970年《海牙公约》），1971年在蒙特利尔缔结的《制止危害民用航空安全的非法行为公约》（通称1971年《蒙特利尔公约》）和1988年《蒙特利尔议定书》。这四个文件就犯罪定义、适用范围、指控、逮捕、拘留、初步调查程序、起诉和引渡、惩罚犯罪、缔约国权力和责任，以及航空器机长权力等法律问题都作了具体规定，是处理危害国际民用航空安全的国际法依据。由于这四个文件的规则都是关于刑事方面的，一般称作"航空刑法"的文件。所以，四个文件合在一起，构成了国际航空法规体系的第三大序列："航空刑法序列"。

如果说《芝加哥公约》主体序列主要是从技术方面规范航空活动，从而实现保证飞行安全的目的，那么航空刑法序列的文件则是从制止航空犯罪的层面来促进航空安全。

第一节　航空刑法体系

20世纪60年代后期，国际上航空暴力事件不断增加。1970年6月，国际民航组织举行特别大会，要求在《芝加哥公约》的附件中增加有关处理非法干扰（包括劫持）问题的内容，使国际民航公约更加完整，并于1974年最终通过了《国际民航公约》的《附件17：安全保卫》。该附件主要包括管理和协调，但内容远不及刑法体系的三大公约详细和有力。2001年震惊全球的"9·11"事件再一次有力地说明国际民航运输在防止非法干扰方面的脆弱，在打击航空犯罪的道路上，国际组织及民航各国任重道远。

一、1963年《东京公约》(俗称"反干扰公约")

1963年《东京公约》的全称是《关于在航空器上犯罪及其他某些行为的公约》。

(一)缔结背景

1. 传统国际法的领土管辖（域内管辖）造成航空犯罪管辖缺口

20世纪50年代初，英美两国发生了几起著名的在飞机上犯罪却无人管的案件：

第一个是典型的"美国诉科多瓦"案。1948年8月2日，美国公民科多瓦与桑塔诺看完足球后乘坐美国某航空公司飞机从波多黎各（加勒比海岛屿，当时为美国属地）返回纽约，行至公海上空时，两人酗酒后争吵并在机舱尾部斗欧，许多乘客拥至机舱尾部围观而造成机身倾斜，前来制止事端的机长和乘务员遭科多瓦殴打，乘务员被打致重伤。飞机降落后，科多瓦被逮捕提交法院审理。结果，受理此案的法官们查遍美国所有相关法律，却找不到对此案管辖的根据。原来，其刑罚的域内原则只限国内或（依海洋法的船旗国原则）公海海面，而达不到公海上空，最终不得不将案犯释放。

另外一起是"英王诉马丁"案。1955年，在巴林飞新加坡的英国某飞机上，机组人员马丁被发现贩运鸦片。当航班返英后，检察官对马丁起诉，但当时巴林和新加坡未独立，都是英国的殖民地。根据英国1951年《危险毒品条例》和1949年《民航法》其法律效力仅限于英国境内而达不到殖民地，最终宣布英国法院无管辖权。

2. 并行管辖引起管辖冲突

国际航空运输过程中，很容易发生并行管辖导致的各国法律管辖上的冲突。例如，在甲国登记的飞机，飞经乙国领空时，机上丙国旅客对丁国旅客实施犯罪。依各国国内法，该四个当事国都可以主张管辖，由此可能引起剧烈的管辖冲突。此种情况，由哪国优先管辖呢？

为解决以上两大问题，从1956年到1962年，ICAO法律委员会草拟的公约草案共有1959年慕尼黑稿、1962年3月蒙特利尔稿和1962年9月罗马稿，几经修改，最终于1963年东京外交会议上签订了正式公约。

（二）犯罪定义和适用范围

1963年《东京公约》将犯罪定义为：

（1）违反刑法的犯罪；

（2）可能或确已危害航空器或其所载人员或财产的安全；

（3）危害航空器内的正常秩序和纪律的行为。

公约的适用对象为：在缔约国登记的民用航空器。

公约对"飞行中"做出了概念界定：航空器自起飞使用动力时起，至降落终结时止。其中公约中"上一起飞地、犯罪当时、下一降落地"至少有其一在其他国家才适用本公约（都在本国、公海及不属于他国的领土上空适用各国国内法）。

在管辖权上，公约认定登记国管辖权是一种新型的、自成一类的域外管辖权。这是公约的关键条款，避免了以往管辖死角或缺口。几个主要的术语是：

（1）司法管辖：航空器登记国有权对在该航空器内的犯罪和行为行使管辖权；

（2）立法管辖：要求每一缔约国在其国内立法中确认此类犯罪性质并给予惩罚（处罚）；

（3）"浮动领土"的概念：在一缔约国登记的航空器内的犯罪，为引渡的目的，应看作不仅发生在犯罪地点，而且也发生在航空器登记国领土上。

据此，部分法学家得出观点：航空器是其登记国的"浮动领土"。

国际上刑事管辖的基本原则有四个：属地管辖原则、属人管辖原则、保护管辖原则和普遍适用管辖原则。公约第四条规定，下列非登记国的缔约国也有管辖权：

（1）犯罪在该国领土上具有后果；

（2）犯罪人或受害人为该国国民或在该国有永久居所；

（3）犯罪危及该国的安全；

（4）犯罪违反了该国有关航空器飞行或运转的现行规则或规章；

（5）为确保该国遵守其在多边国际协定中所承担的任何义务，有必要行使管辖权。

因各国意见不统一，公约未能规定以上管辖权的优先顺序，并行管辖引起管辖冲突的事情不可避免，这是1963年《东京公约》的不足。

（三）赋予机长的权力

1963年《东京公约》对机长首次赋予了打击航空非法行为的一系列权力，这是非常重要的历史性创举。同时，还把机长权力范围扩大到"装载完毕机舱外部各门关闭时起，到打开任何一扇机舱门以卸载时止；航空器被迫降落时，到主管当局接管该航空器及机上人员与财产的责任时止"。

可以看出，机长权力范围比前面"飞行中"定义的范围更为宽泛。具体来看，公约赋予机长四大权力：治安权力、使某人下机权、移交案犯权和免除责任权。

1. 治安权力

只要机长有正当理由认为某人在航空器内已经或即将实施公约所指的犯罪或行为时，为保护航空器或者所载人员或财产的安全、维持航空器内的正常秩序和纪律或使他能够按照公约规定将此人移交主管当局或使此人下机，就可以对案犯采取包括看管在内的必要的、合理的措施。

另外，机长可以要求或授权其他机组成员进行协助，并可以请求或授权（但不得强求）旅客给予协助，来看管他有权看管的任何人。

任何机组成员或旅客如果有正当理由认为为保护航空器或者所载人员或财产的安全必须立即行动时，无须经过上述授权，也可采取合理的预防性措施。

航空器在一国领土降落前，机长应在可能的情况下，尽速将该航空器内有人受看管的事实及其理由通知该国当局。

2. 使某人下机权

机长如果有正当的理由认为某人在航空器内可能或确已存在公约规定的"行为"，不论此种行为是否构成犯罪，为保护航空器或者所载人员或财产的安全，维持航空器内的正常秩序和纪律，可在航空器降落的任何国家领土上，令其下机，并应将其下机的事实和理由通知该国当局。

3. 移交案犯权

机长如果有正当的理由认为，某人在航空器内实施的行为，在他看来，按照航空器登记国刑法已构成严重犯罪时，可以将该人移交给航空器降落地的任何缔约国的主管当局。并应在可能的情况下，尽速将其移交意图和理由通知该国当局，同时提供其依据航空器登记国的法律合法掌握的证据和情报。

4. 免除责任权

对于依据本公约所采取的行动，无论是航空器机长、任何其他机组人员、任何旅客、航空器所有人或经营人，还是为其利益进行此次飞行的人，在因被采取行动的人的待遇遭到损害而提起的诉讼中，都不能被宣布负有责任。

尽管有这条保护措施，机长仍应注意犯罪的事实、行为的轻重、采取行动的必要与合理、证据的提供与保存，同时不能伤及第三者。否则，被起诉也难免。所以，应注意行使权力时把握原则，避免滥用。

（四）缔约国的权力与责任

如果降落地国是《东京公约》的缔约国，则有以下权力与责任：

（1）准许机长提出的使案犯（扰乱行为者）下机；

（2）接受机长移交给它的案犯（严重违反刑法的犯罪）；

（3）采取拘留或其他措施，以保证被指称犯了劫机的任何人和移交给它的任何人能随时被传唤到场。

这种拘留和其他措施应符合该国的法律规定，并不得超过提起刑事诉讼或进行引渡程序所必要的期限。

对上述准许下机、接受移交、拘留的人，在保护和安全方面所给予的待遇不得低于在类似情况下给予其本国国民的待遇。

（1）协助被拘留的人，立即与其国籍国最近的合格代表（领事馆）取得联系；

（2）对拘留的严重犯罪和劫机者，应立即对事实进行初步调查；

（3）应将拘留该人和应予拘留的情况立即通知航空器登记国和被拘留人的国籍国，如果认为适当，并通知其他有关国家。按照公约规定进行初步调查的国家，应尽速将调查结果通知上述各国，并说明它是否行使管辖权；

（4）视不同情况将案犯遣返到其国籍国，或者到其有永久居所的国家，或者到其开始航空旅行的国家；

（5）无论是下机、移交、拘留、遣返或其他措施，都不得视为违反该缔约国关于人员入境或许可入境的法律。本公约的各项规定均不影响缔约国关于将人驱逐出境的法律。

1963 年《东京公约》目前已有 137 个国家参加，我国于 1978 年加入。该公约于 1979 年 2 月 12 日对我国生效。该公约主要是为了解决在国际民用航空器上犯罪的刑事管辖权问题，避免产生刑事管辖权的漏洞或空白。公约从立法管辖和司法管辖两方面对航空器上的犯罪进行了规定，这一点为后续刑法序列公约的制定打下了坚实的基础。

二、1970 年《海牙公约》（俗称"反劫机公约"）

1970 年《海牙公约》的全称是《制止非法劫持航空器公约》。

（一）缔结背景

20 世纪 60 年代末 70 年代初，在国际航空运输过程中，空中劫持民航飞机事件大量增加，1968 年至 1970 年更是多达 200 多起。

先前的 1963 年《东京公约》对制止劫机事件明显打击不力。其第 11 条虽然规定了制止劫机的条款，但力度远远不够，它只要求"缔约国恢复或维持合法机长对航空器的控制，准许旅客和机组人员尽快继续其旅行，并将航空器和所载货物交还给合法的占有人"。而没有把劫机行为宣布为犯罪，也没有规定惩治措施，使得劫机猖獗，某些国家为政治目的而包庇劫机犯。1970 年 12 月 9 日，又发生了震惊全球的同一天劫持四架从欧洲飞纽约的大型客机并扣押几百名旅客作为人质的事件，在一片声讨劫机恐怖主义的气氛中，《制止非法劫持航空器的公约》于 1970 年 12 月 16 日在海牙诞生，通称 1970 年《海牙公约》，俗称"反劫机公约"。

（二）适用范围和犯罪定义

1970 年《海牙公约》对犯罪定义如下（公约第 1 条）：

（1）用暴力或用暴力威胁，或用其他精神胁迫方式，非法劫持或控制该航空器；

（2）此类任何未遂行为；

（3）以上 1—2 两项的共犯。

这个定义存在的缺陷是：犯罪定义偏窄，犯罪过程限制在飞行中，犯罪行为未考虑勾结机长、贿赂收买机组人员以及诈骗等方式。

适用对象为民用航空器。需要注意的是，劫持非缔约国的民用航空器同样被认为是犯罪，这一点与 1963 年《东京公约》不同。

1970 年《海牙公约》也给出了"飞行中"的概念：

（1）装载完毕机舱外部各门关闭时起，到打开任何一扇机舱门以卸载时止；

（2）航空器被迫降落时，到主管当局接管该航空器及机上人员与财产的责任时止。

这一点上，比《东京公约》"飞行中"范围更宽泛，只是其中的"机长权力延伸范围"相同。

另外，起飞地点或实际降落地点是在该航空器登记国领土以外，不论该航空器是从事国际飞行或国内飞行。

1970 年《海牙公约》给出的有管辖权的国家有：

（1）航空器登记国；

（2）降落地国，而所称案犯仍在飞机上；

（3）在干租（不带机组租赁）航空器内发生犯罪，承租人的主营业所在国或者其永久居所国；

（4）逃往他国的罪犯，如果未被引渡给以上三类国家，该缔约国应同样采取必要措施，以确立其对犯罪的管辖权；

（5）公约不排除根据本国法行使任何刑事管辖权。

前三类国家有"主要管辖权"（较强管辖权），后两类国家有"辅助管辖权"（较弱管辖权），比《东京公约》那种完全的并行管辖前进了一步。

该公约提出了一个"或引渡或审判原则"（也称为"不引渡则起诉"），这一原则使得 1970 年《海牙公约》后来成为当今国际法的组成部分之一。因为庇护权是国家主权权力之一，《海牙公约》签订之前，以"政治庇护"甚至"人道庇护"为由包庇劫机犯的现象普遍存在。在"成立'国际刑事法院'直接审判罪犯"这一超越国家主权的建议未被采纳的情况下，公约规定即使罪犯逃往无管辖权的国家，该国也应引渡罪犯至有管辖权的国家或起诉审判罪犯。

（三）缔约国的权力与责任

（1）恢复、维护合法机长对航空器的控制、返还航空器、机组旅客尽速继续旅行等（这一点同《东京公约》，参见《东京公约》第 11 条）；

（2）确定劫机构成严重犯罪、对罪犯拘留、初步调查、引渡或审判（这一点比《东京公约》更有力）；

（3）由缔约国将犯罪情况、对以上两项的执行情况尽快报告 ICAO 理事会。

（四）我国"反劫机"相关法律文件

对于 1970 年《海牙公约》，国内法的确认和体现可以参见 1995 年我国颁发的《中华人民共和国民用航空法》和 1993 年的《全国人大常委会关于惩治劫持航空器犯罪分子的决定》。

《中华人民共和国民用航空法》第十五章"法律责任"第 191 条规定如下："以暴力、胁迫或者其他方法劫持航空器的，依照关于惩治劫持航空器犯罪分子的决定追究刑事责任。"

《全国人大常委会关于惩治劫持航空器犯罪分子的决定》规定如下："为了惩治劫持航空器的犯罪分子，维护旅客和航空器的安全，特作如下决定：以暴力、胁迫或者其他方法劫持航空器的，处十年以上有期徒刑或者无期徒刑；致人重伤、死亡或者使航空器遭受严重破坏或者情节特别严重的，处死刑；情节较轻的，处五年以上十年以下有期徒刑。"

三、1971 年《蒙特利尔公约》（俗称"反破坏公约"）

1971 年《蒙特利尔公约》的全称是《制止危害民用航空安全的非法行为公约》。

1970 年《海牙公约》惩治的犯罪主要针对非法劫持或控制正在飞行中的航空器，但是，危害国际航空安全的犯罪无处不在，世界各地还经常发生直接破坏航空器的犯罪，甚至发生破坏机场地面上正在使用中的航空器及其航行设施等犯罪。基于犯罪行为的多样性，1970 年《海牙公约》显然不足以维护国际民用航空运输的安全。1970 年 2 月初，正当国际民航组织法律委员会举行第 17 次会议讨论草拟《海牙公约》时，在 2 月 21 日的同一天里，连续发生了两起在飞机上秘密放置炸弹引起空中爆炸的事件，震撼了整个国际社会。

于是，国际民航组织准备起草一个非法干扰国际民用航空（非法劫机之外）的公约草案，即后来的 1971 年《蒙特利尔公约》。缔结该公约的目的是通过国际合作，惩治从地面破坏航空运输安全的犯罪行为，使之成为 1970 年《海牙公约》的姊妹篇，俗称"反破坏公约"。

（一）缔结背景

当时爆炸、袭击民用航空器的事件猖獗。1970 年 2 月至 5 月，在欧洲各大机场发生 6 起地面爆炸、袭击民用航空器的暴力事件，但多起未遂。

1963 年《东京公约》和 1970 年《海牙公约》的犯罪定义都比较狭窄，也使得新形势下的"反破坏"行为得不到公约层面的法律支持。

（二）适用范围和犯罪定义

1971 年《蒙特利尔公约》的犯罪定义如下：任何人非法地和故意地实施下列行为，即为犯罪：

（1）对飞行中的航空器内的人实施暴力行为足以危及该航空器的安全；

（2）破坏使用中的航空器使其不能飞行或足以危及其飞行安全；

（3）破坏或损坏航行设施或扰乱其工作足以危及飞行中航空器的安全；

（4）传送他明知是虚假的情报，由此危及飞行中的航空器的安全；

（5）以上未遂行为；

（6）以上1—5项的共犯。

上述犯罪定义，需注意三个特征：非法、故意、危害航空安全。

适用对象为民用航空器，以及用于国际航行的航行设施，如机场、通信、导航、气象服务等。

同《海牙公约》相同，"飞行中"的概念同样适用。但是，1971年《蒙特利尔公约》大大拓展了"飞行中"的范围，而重新定义了"使用中"的概念，即地面人员或机组为某次飞行而进行飞行前准备时起，到任何降落后24小时止。"使用中"包含了"飞行中"定义的时间段。

起飞地点或实际或预定降落地点是在该航空器登记国领土以外，不论该航空器是从事国际飞行或国内飞行、犯罪过程发生在航空器登记国域外、在航空器登记国内犯罪但罪犯逃往国外。如果被破坏的航行设施仅用于国内航行，则不适用此公约，这也是该公约的缺陷之一。

1971年《蒙特利尔公约》在1970年《海牙公约》的基础上增加一个有主要管辖权的国家，即为"在该国域内犯罪的国家"（其余五类有管辖权的国家同1970年《海牙公约》）。缔约国权利与责任的其他规定，如或引渡或起诉原则类似于1970年《海牙公约》之规定。

四、1988年《蒙特利尔议定书》

1988年《蒙特利尔议定书》的全称是《制止在为国际民用航空服务的机场上的非法暴力行为的议定书》。

1988年《蒙特利尔议定书》是1971年《蒙特利尔公约》基础之上的补充。它于1988年2月24日订于蒙特利尔，1989年8月6日生效。我国加入了此议定书，该议定书于1989年8月6日对我国生效。

1971年《蒙特利尔公约》虽然较1970年《海牙公约》扩大了犯罪行为的范围，使其包括在"飞行中"的航空器内所犯罪行，也包括在"使用中"的航空器内所犯罪行；既包括直接针对航空器本身的罪行，也包括针对航空设备的罪行。但该公约没能将犯罪分子危害机场安全的犯罪行为包括进去。1973年8月，在希腊雅典机场，在旅客排队经过安检而登机的过程中，两名恐怖分子投掷手榴弹，当场炸死5人、炸伤55人。为了弥补这个缺陷，1988年2月24日，ICAO在蒙特利尔签订了《蒙特利尔公约补充议定书》，将危害国际民用航空机场安全的暴力行为宣布为一种国际犯罪。

针对20世纪七八十年代恐怖主义活动，该议定书将1971年《蒙特利尔公约》的犯罪定义增加了两条，弥补了公约留下的重要缺口。

增加的犯罪定义为：任何人使用一种装置、物质或武器，非法地、故意地做出下列行为，即为犯罪：

（1）在用于国际民用航空的机场内，对人实施暴力行为，造成或足以造成重伤或死亡者；

（2）毁坏或严重损害用于国际民用航空的机场设备或停在机场上不在使用中的航空器，或者中断机场服务以至危及或足以危及机场安全者。

对于机长的权力，1970年《海牙公约》和1971年《蒙特利尔公约》都并未说明。鉴于劫机和航空破坏都是违反刑法的严重犯罪，完全适用于1963年《东京公约》对于犯罪的第一条定义，即违反刑法的犯罪。因此，1963年《东京公约》中有关机长的一切权力应适用于后面制定的1970年《海牙公约》和1971年《蒙特利尔公约》。机长可采取一切可能、合理或必要的措施予以制止。

1963年《东京公约》、1970年《海牙公约》、1971年《蒙特利尔公约》以及1988年《蒙特利尔议定书》四个关乎航空刑法犯罪的文件在形式上相互独立，但在内容上又相互补充，构成了当今世界防止和惩处危害国际民航安全的法律体系。国际社会缔结的这些国际公约和议定书规定了相关犯罪定义、国家管辖权的行使、引渡或起诉的规定等内容，为防止和打击危害国际民航安全的犯罪行为以及进行广泛的国际合作奠定了法律基础，其中多个原则性的条款规定，已经成为当今国际法的重要组成部分。

第二节　《北京公约》

2010年8月30日至9月10日，国际民航组织在北京举行了航空保安外交会议，目的是更新《制止与国际民用航空有关的非法行为的公约》（1971年，蒙特利尔）、《制止在为国际民用航空服务的机场上的非法暴力行为的议定书》（1988年，蒙特利尔）和《制止非法劫持航空器公约》（1970年，海牙）。共有来自76个国家的代表和4个国际组织的观察员与会。大会通过了《制止与国际民用航空有关的非法行为的公约》（简称2010年《北京公约》）和《制止非法劫持航空器公约的补充议定书》（简称2010年《北京议定书》）。

自20世纪60年代以来，国际民航组织已主持制定了若干航空保安条约。这些条约将针对国际民用航空的违法行为定为犯罪，其中包括劫机和破坏，并促进了各国之间的合作，以确保对这些行为进行惩罚。由于这些文书是在约40年前制定的，因此有必要进行更新，以便处理民用航空新的和正在出现的威胁。

2010年《北京公约》和《北京议定书》进一步将使用民用航空器作为武器和使用危险材料攻击航空器或其他地面目标定为犯罪行为。在新的条约下，非法运输生物、化学和核武器及其相关材料，被定为应受惩罚的行为。此外，还专门规定了条约范围内的犯罪行为的指挥者和组织者的刑事责任。规定了威胁施行条约范围内的犯罪行为，如果情况表明该威胁是可信的话，也会引起刑事责任。在特定情况下，同意或协助犯罪行为，而不论该犯罪实际实施与否，也可能受到惩罚。这些条约更新了条款，以促进各国合作打击针对民用航空的非法行为。

2010年《北京公约》共有25条，主要内容包括：一是将已经出现或可能出现的危害民航安全的非法干扰行为规定为犯罪，包括使用航空器作为武器、组织或指挥犯罪等。二是明确了缔约国的强制性管辖权和任择性管辖权。三是要求缔约国应当采取必要措施对公约所列的犯罪给予严厉惩罚。四是吸收其他国际反恐公约中的有益规定，如政治犯不例外条款和军事活动排除条款。五是规定了引渡和司法协助义务，要求各缔约国承诺将公约规定的犯罪作为可引渡犯罪。六是规定了与公约有关的争端解决条款及公约生效条款等。截至 2023 年，共有包括中国、俄罗斯、法国、德国、新加坡等在内的 46 个国家批准了该《北京公约》，该公约 2023 年 10 月 1 日正式对我国生效。

2010 年《北京公约》增加了 4 种新型犯罪定义：任何人如果非法地和故意地实施下述行为，该人即构成犯罪：

（1）利用使用中的航空器造成死亡、严重人身伤害，或对财产或环境的严重破坏的行为；

（2）在使用中的航空器内使用或释放任何生物武器、化学武器和核武器等造成严重后果的攻击性行为；

（3）对使用中的航空器使用任何生物武器、化学武器和核武器等造成严重后果的攻击性行为；

（4）为不法目的在航空器上运输、导致运输或便利运输相关危险物品的行为。

2010 年《北京公约》增加了在国际民用航空机场构成犯罪的两种具体行为：

（1）在为国际民用航空服务的机场对人实施暴力行为造成或可能造成重伤和死亡；

（2）毁坏或严重损坏为国际民用航空服务的机场的设施，或机场上非使用中的航空器，或扰乱机场服务，且此种行为危及或可能危及该机场的安全。

2010 年《北京公约》增加了当情况显示做出威胁可信时（即确立只要危险行为被确信则构成犯罪，并不需要发生确实的危害后果）即构成犯罪的两种具体行为：

（1）做出这种威胁实施上述公约中的任何犯罪；

（2）非法和有意地造成任何人受到这种威胁。

2010 年《北京公约》还增加了诸如组织、指挥、同犯参与、协助、包庇等相关行为的犯罪定义。

本章介绍了航空刑法体系的四个文件（1963 年《东京公约》、1970 年《海牙公约》、1971年《蒙特利尔公约》和 1988 年《蒙特利尔议定书》），包括其对犯罪定义、适用范围、指控、逮捕、拘留、初步调查程序、起诉和引渡、惩罚犯罪、缔约国权力和责任，最后简要介绍了作为打击新型航空犯罪的补充和完善的 2010 年《北京公约》和《北京议定书》。

第六章　航空器及适航管理

根据系统工程"人、机与环境"三位一体的观点，航行与运输的正常运行离不开航空人员、航空器和运行环境。其中，航空器是进行航空活动必不可少的工具，没有航空器，就不能进行航空活动，更谈不上航空立法。本章在介绍航空器基本定义和分类基础上，重点介绍与航空器管理相关的公约、附件7及附件8的国际统一规范，也即是航空器的国籍登记制度及航空器的适航管理。

第一节　航空器的定义与分类

一、航空器的定义

航空器是飞行器的一种，我们把在地球大气层内或大气层之外的空间（含环地球空间、行星和行星际空间）飞行的器械通称飞行器。航空器、航天器、火箭与导弹都属于飞行器，但也有所不同，航空器主要在大气层内飞行，航天器则主要在大气层之外的空间飞行，火箭是靠自身携带的燃料提供推进力，而导弹是依靠制导系统控制其飞行轨迹。

所以，航空器可定义为：是大气层中靠空气的反作用力，而不是靠空气对地（或水）面的反作用力作支撑的任何器械。

常见的航空器包括气球、飞艇、滑翔机、直升机和飞机等。根据航空器的定义可知：卫星、宇宙飞船、空间站、航天飞机、火箭、导弹、气垫船不属于航空器范畴。

需要指出的是，飞机只是航空器的一种。然而，随着民用航空运输的发展，现代意义上的航空器在很大程度上是指飞机。但是，航空法规为了其规范性和完整性必须使用航空器这个名词。

二、航空器的分类

根据产生向上力的基本原理的不同，航空器可划分为两大类：轻于空气的航空器和重于空气的航空器。前者靠空气静浮力升空；后者靠空气动力克服自身重力升空。早期发明的航空器更多属于轻于空气的航空器，如气球、飞艇等，近现代航空器的研发与改进主要针对重于空气的航空器，如固定翼的飞机、滑翔机，旋翼的直升机等。

但是，在航空法领域，更重要的分类是依据使用性质把航空器分为国家航空器与民用航空器。

国家航空器是指用于执行军事、海关和警察部门飞行任务的航空器。具有国家特殊用途、执行公务航空活动是国家航空器的特征，如专机。

而民用航空器是指用于执行军事、海关和警察部门飞行任务以外的从事航空活动的航空器，即除国家航空器之外的航空器，主要用于公共航空运输和通用航空。

国家航空器与民用航空器通常按航空器功能性而非所有权来区分。航空法只适用于民用航空器。因此，本书中在并非特别指出的时候，称"航空器"时多是指"民用航空器"。

第二节　民用航空器的国籍和登记

由于航空活动的国际性，航空器受哪个国家的法律保护，享受什么权利和履行什么义务等问题，首先取决于该航空器在哪个国家注册登记。

国籍的概念最早用于人的国家身份识别，在 1919 年《巴黎公约》上第一次移植引入航空器上，航空器由此具备了人格化的特征。航空器的国籍原则承认了航空器依其国内法具有一定法律人格，并据此烙上本国国籍的印记，从而使该国在国际法上享有国籍规则的若干权利（管辖权、保护权、管理权）与义务。所以，航空器国籍登记的作用，就是使航空器受到登记国在法律上的管辖和保护。依据《芝加哥公约》，国家要保证具有该国国籍的民用航空器无论飞到哪里，其不仅能遵照当地关于民用航空器正常航行的有关规章，还能承诺承担该民用航空器的相关法律责任。

依据《芝加哥公约》第 17 条规定：航空器具有其登记国家的国籍。但是，比较特别的是，航空器在一个以上国家登记不得认为有效，但其登记可以由一国转移至另一国。也就是说航空器不能具有双重国籍。若准予赋予民用航空器双重国籍，将导致以下不良后果：

（1）两个国籍登记国对同一航空器在管辖和保护上的冲突，从而影响两国的关系；

（2）两国同时要求同一航空器所有人或经营人履行义务，而使之在法律上处于困境；

（3）第三国可以把具有双重国籍的航空器，视为两国中任何一国的航空器来对待，使其无法享受国籍登记国按照国籍原则所提供的保护和监督。

我国在 1996 年颁布的《中华人民共和国民用航空法》中规定了下列民用航空器应当进行我国的国籍登记：

（1）中华人民共和国国家机构的民用航空器；

（2）依照中华人民共和国法律设立的企业法人的民用航空器；若企业法人的注册资本中有外商出资的，其机构设置、人员组成和中方投资人的出资比例，应当符合行政法规的规定；

（3）民航局准予登记的其他民用航空器。

凡是符合上述条件的民用航空器，在中国民用航空局登记后，即取得了我国国籍，才能受到我国法律的管辖和保护。

根据《芝加哥公约》规定：从事国际航行的每一航空器应载有适当的国籍标志和登记标志。国籍标志须从国际电信联盟分配给登记国的无线电呼叫信号中的国籍代号系列中选择，并通知国际民航组织。如：中国（B）、美国（N）、日本（JA）、瑞士（HB 加国徽）、新西兰

（ZK、ZL、ZM）、巴哈马（C6）、索马里（60）、新加坡（9V）等。

登记标志必须是字母、数字或者两者的组合，由登记国指定，登记标志在国籍标志之后，如果登记标志的首位是字母，则在国籍标志与登记标志之间加一短横线"-"。

我国民用航空器的登记标志大多为四位阿拉伯数字、罗马体大写字母或者二者的组合，国籍标志位于登记标志之前，国籍标志和登记标志之间加一短横线"-"，如 B-3621、B-254D。

国籍和登记标志通常应绘制在机翼和尾翼之间的机身两侧及右机翼的上表面和左机翼的下表面，如图 6-1 所示。其中对字体、字号、长宽比例、粗细、修饰等，在附件 7 中都有详细说明。

图 6-1　航空器国籍和登记标志

我国民用航空器国籍登记的其他规定参见《中华人民共和国民用航空法》第 1～9 条及下级法规，如 1997 年由国务院颁布的《中华人民共和国民用航空器国籍登记条例》。

航空器在任何缔约国登记或转移登记，应按该国的法律和规章办理。在我国要取得民用航空器的国籍登记证书，也必须要符合法律及相关行政法规规定的程序。

首先，民用航空器国籍登记的申请人必须向民航局提交民用航空器国籍登记申请书，并出具相关证明原件和副本。

其次，民航局在收到申请人提交的申请书和有关证明文件后，经审查符合规定的，即向申请人颁发中华人民共和国民用航空器国籍登记证书。

取得中华人民共和国国籍的民用航空器，遇有下列情形之一时，应当申请办理变更登记：

（1）民用航空器所有人或其地址变更；

（2）民用航空器占有人或其地址变更；

（3）民航局规定需要办理变更登记的其他情形。

取得中华人民共和国国籍的民用航空器，遇有下列情形之一时，应当申请办理注销登记：

（1）民用航空器所有权依法转移境外并已办理出口适航证的；

（2）民用航空器退出使用或者报废的；

（3）民用航空器失事或者失踪并停止搜寻的；

（4）符合本条例规定的民用航空器租赁合同终止的；

（5）民航局规定需要办理注销登记的其他情形。

民用航空器没有或者未携带民用航空器国籍登记证书的，民航局或者其授权的地区民用航空管理机构可以禁止该民用航空器起飞。

第三节　民用航空器的权利

民用航空器权利，包括对民用航空器构架、发动机、螺旋桨、无线电设备和其他一切为了在民用航空器上使用的，无论安装于其上或者暂拆离物品的权利。其实质不是指民用航空器本身的权利，而是指航空法赋予的民用航空器的所有人或经营人、债权人等对于民用航空器的权利。

民用航空器在进行国籍登记的同时，还必须进行其相关权利的登记，权利登记的内容包括：

（1）所有权；

（2）购买占有权；

（3）六个月以上租赁占有权；

（4）抵押权。

民用航空器权利登记属于私法性质，航空器权利经登记后受到登记国在法律上的保护，可以对抗第三人，未经登记则不能对抗第三人。

所谓"第三人"是指非协议或交易的一方，但在其中具有权利的人。

所谓"对抗第三人"是指对同一权利可以驳斥第三人而维护自己的权利主张。例如：航空器所有人将航空器出租给承租人，承租人依据租赁合同对航空器享有占有和使用权，而没有所有权，但是承租人却将航空器转让给第三人，该第三人不知实情而受让了该航空器。如果航空器所有人依法登记了所有权，在上述情况下，即可以对抗第三人将航空器追索回来；如果没有办理所有权登记手续，所有人就不能对抗第三人，只能向承租人提出损害赔偿要求。

民用航空器的权利包括对民用航空器的所有权、优先权和抵押权等。

一、民用航空器的所有权

所有权是财产权的一种形态，所以在本质上是一定社会的所有制形式在法律上的表现。

民用航空器的所有权是指在民用航空器的所有人对民用航空器的占有、使用、收益、处分的权利。该所有权的取得方式有两种：原始取得和继受取得。例如，航空器执照厂家对自己制造的航空器为原始取得，航空公司对直接购买的航空器为继受取得。

从内容上看，民用航空器的所有权包括对航空器的占有、使用、收益和处分四种权利职能。作为一项价值较大的动产，航空器所有权的占有、使用、收益和处分，均会对社会生产力和社会关系带来较大的影响，因此我们对民用航空器实施包括所有权在内的相关权利的登记制度。在我国，所有权的取得、转让（应当签订书面合同）和消灭，应当向民航局登记；未经登记的，不得对抗第三人。

二、民用航空器的优先权

民用航空器优先权，是指债权人依法向民用航空器所有人、承租人提出赔偿请求，对产生该赔偿请求的民用航空器具有优先受偿的权利。

依据我国民用航空法规的规定，下列两项债权具有民用航空器的优先权：

（1）援救该民用航空器的报酬；

（2）保管维护该民用航空器的必需费用。

作为一种无因管理而产生的债权，一般来讲，民用航空器的优先权通常是因为对其援救、保管或维护过程产生的费用请求得以偿还的权利，这也是一种法定优先权。

据《中华人民共和国民用航空法》第 10~33 条规定，民用航空器优先权先于民用航空器抵押权受偿。民用航空器优先权不因民用航空器所有权的转让而消灭；但是，民用航空器经依法强制拍卖的除外。在执行人民法院判决以及拍卖过程中产生的费用，应当从民用航空器拍卖所得价款中先行拨付。

三、民用航空器的抵押权

抵押权是在债务人或第三人提供的物或权利上设定的，以担保债务的履行为目的，在债务人不能履行其债务时就其卖得的价金优先受偿的担保物权。抵押权是现代社会经济生活中被广泛采用的一种物权担保形式。

民用航空器的抵押权，是指抵押人对其提供的不转移占有而作为债务担保的民用航空器，当债务人在不能履行债务时，依法对该航空器折价或者从变卖该航空器的价款中优先受偿的权利。

民用航空器设定抵押权，由抵押权人和抵押人共同向民航局办理抵押登记；未经登记的，不得对抗第三人。抵押权设定后，未经抵押权人同意，抵押人不得将被抵押民用航空器转让他人。

四、民用航空器的租赁

民用航空器租赁是一种常见的经济行为。国际航空运输中相关航空器租赁的法律问题，也曾在华沙体系中涉及。目前我国的各大航空公司所属机队日益庞大，其中也有很大比例是从国内外租赁来经营的，这也成为飞机融资的一种重要手段。

民用航空器的租赁行为，需要保障承租方和出租人双方的合法权益。

民用航空器租赁合同，包括融资租赁合同和其他租赁合同，应当以书面形式订立。

民用航空器的融资租赁，是指出租人按照承租人对供货方和民用航空器的选择，购得民用航空器，出租给承租人使用，由承租人定期交纳租金。

融资租赁期间，出租人依法享有民用航空器所有权，承租人依法享有民用航空器的占有、使用、收益权。

民用航空器融资租赁中的供货方，不就同一损害同时对出租人和承租人承担责任。

第四节　民用航空器的适航管理

影响飞行安全的因素很多，主要有：航空器的适航性、空中交通管制、气象、飞行标准、通信导航监视设施、保安措施等。其中，航空器的适航性是航行安全尤为重要的关键因素。

对民用航空器进行适航管理，是一个国家发展民航运输业和民航制造业十分关键的一环。

航空器是否自始至终都满足保证安全必须的、最低的飞行品质，是"安全第一"的目标能否实现的关键因素之一。

一、适航的相关定义

民用航空器的适航性是指航空器适合空中航行并能保证飞行安全应具备的最低飞行品质特性。这是航空器用于航行和运输之前，最起码应当具备的一种特性。而要具备这种飞行品质特性，必须达到相关部门制定的一套适航标准。

适航标准是指航空器应具备的最低飞行安全标准（最低飞行品质），由民航局颁布。适航标准是对适航性的技术描述。

民用航空器的适航管理，是以保证民用航空器的安全为目标的技术管理，是民航局在制定了各种最低安全标准的基础上，对民用航空器的设计、制造、使用和维修等环节进行科学的、统一的审查、鉴定、监督和管理。适航管理涉及航空器、发动机、螺旋桨和航空器上的设备。

二、适航管理阶段

对民用航空器的适航管理，也是对民用航空器的适航性控制。这种控制，存在于民用航空器的各个阶段和环节中，要求民用航空器在满足最初设计、制造要求的同时，还能够始终处于一种安全的运行状态。

因此，适航管理分为设计、制造、使用、维修四个环节。这四个环节可以分为两个阶段，即前期的初始适航管理和后期的持续适航管理。

（一）初始适航管理

初始适航管理是指在航空器交付使用之前，民航局根据各类适航标准和专用条件对民用航空器的设计、制造所进行的管理。其包括对航空器设计和制造单位进行审查、评估、颁发证件、监督检查。

也就是说，民用航空器的初始适航管理阶段，主要是对其设计、制造两个环节的控制，这种管理，主要通过颁发和控制证件的形式来实现。

（二）持续适航管理

持续适航管理是指在民用航空器满足初始适航管理要求，取得适航证，并投入营运后，为保持它在设计制造时的基本安全水平或适航水平所进行的管理。这是对航空器使用、维修所进行的管理。持续适航实际上是对使用、维修的控制。

持续适航管理的实现，通过建立故障反馈系统、发布适航指令，对新发现的不安全因素，责成航空器有关单位采取纠正措施等方式手段得以实现，从而保持航空器的适航性。

航空器的设计单位、制造单位、航空公司、航空器维修单位都有责任保证航空器的适航性。具体地说就是要保证航空器设计的完整性、制造的高质量符合（设计）性、维护和维修的持续适航性。任何一方如未完全履行自己的责任，一切将毁于一旦。因为优秀设计、成功制造的航空器，如未进行相应的维护，就不具备安全性能；反之，低水平的设计和粗劣的制造，即使用最完美的维修手段也堵塞不了各种漏洞和缺陷。适航管理部门处于这多方之间，通过制定适航标准等法规公正地对他们进行审定和监督检查，及时采取措施，使其遵守适航规章，以符合适航标准，从而保证飞行安全。

三、适航管理有关证件

如上所述，民用航空器的适航是共四个环节、两个阶段的全程监督、检查和控制。尤其在初始管理阶段，需要通过颁发和控制证件的办法来实现。根据《中华人民共和国民用航空法》的规定，适航有关证件主要是：

（1）型号合格证，对应设计环节，包括航空器、发动机、螺旋桨、机上设备等，从国外首次进口的航空器的型号认可证书也属于此类；

（2）生产许可证，对应制造环节，也包括航空器、发动机、螺旋桨、机上设备等；

（3）适航证，对应使用环节，是指航空器整机，是民航部门将飞机投入生产运营的最为关键的证书，不可或缺，也是飞行必备文件之一。它也包括了对于租赁外国航空器的承认或另发适航证，以及出口到国外的出口适航证书；

（4）维修许可证，对应维修环节，包括航空器、发动机、螺旋桨、机上设备等；

（5）国籍登记证，表明航空器具备的法律地位和身份，也是飞行必备文件之一。

四、适航管理部门

国务院是我国的最高适航管理机构，负责制定适航管理规定。1987 年 5 月 4 日，国务院颁布了由民航局起草的《中华人民共和国民用航空器适航管理条例》，该条例继承并细化了《中华人民共和国民用航空法》中针对适航管理的规定，是一部颇具操作性指导作用的行政法规。条例第 4 条明确规定"民用航空器的适航管理由中国民用航空（总）局负责"。

所以，民航局是我国适航管理的主管机构，主要通过颁布适航标准，实施全面适航管理。我国适航管理的主要规章如下：

（1）《民用航空产品和零部件合格审定规定》（CCAR-21-R4）；

（2）《正常类飞机适航规定》（CCAR-23-R4）；

（3）《运输类飞机适航标准》（CCAR-25-R4）；

（4）《运输类飞机的持续适航和安全改进规定》（CCAR-26）；

（5）《正常类旋翼航空器适航规定》（CCAR-27-R2）；

（6）《运输类旋翼航空器适航规定》（CCAR-29-R2）；

（7）《载人自由气球适航规定》（CCAR-31-R1）；

（8）《航空发动机适航规定》（CCAR-33-R2）；

（9）《涡轮发动机飞机燃油排泄和排气排出物规定》（CCAR-34）；

（10）《螺旋桨适航标准》（CCAR-35）；

（11）《航空器型号和适航合格审定噪声规定》（CCAR-36-R3）；

（12）《民用航空材料、零部件和机载设备技术标准规定》（CCAR-37AA）；

（13）《民用航空器适航指令规定》（CCAR-39AA）；

（14）《民用航空器国籍登记规定》（CCAR-45-R3）；

（15）《中华人民共和国民用航空器权利登记条例实施办法》（CCAR-49）；

（16）《民用航空用化学产品适航规定》（CCAR-53）；

（17）《民用航空油料适航规定》（CCAR-55）。

适航司是具体负责民用航空器适航管理工作的部门。其下设：适航处、适航联络处、适航审定处、适航检查处、适航双边处、维修协调处；分设航空器适航中心（北京）、地区管理局适航处（各地区管理局适航处业务上受民航局适航司领导）、航空器审定中心（上海、西安、沈阳、成都）。

综上所述，适航管理工作是一个动态跟踪的管理过程，它保证航空器从设计开始到退役为止，始终处于严格的控制和管理之中。在这一过程中，适航管理部门、设计制造单位、使用维修单位各自承担着不同的责任，共同执行统一的以技术为基础的一整套法规和证件管理系统，从而有效地保持航空器的适航性，不断提高飞行安全水平。

本章介绍了航空器的定义、分类、国籍、登记和权利，重点介绍了航空器的适航管理（包括适航性、适航标准、适航管理的定义，以及适航管理的阶段划分、证件、部门及有关规章）。

第七章　航空人员及技术管理

航空人员的业务素质、技术水平和身体健康状况对民用航空活动安全至关重要,同时也决定着民用航空事业的发展水平。民用航空器在空中的航行离不开航空人员,他们是航空器运行链条中非常关键的一环,对于有效而安全的运行来说,他们的能力和技巧是必要的保证。那么,如何证明一个人是一名合格的航空人员呢? 这就需要向他颁发相关的航空人员执照。颁发执照是授权进行指定活动的行为,如未取得某种规定的等级执照,则禁止从事某种活动,因为不正确地进行航空活动可能会导致严重的后果。

依据人因理论和附件 1 的国际标准,对航空人员的管理,总体上可以划分为组织管理、健康管理和技术管理。组织管理是指航空人员在执行任务过程中的组织方式和运行要求;健康管理主要是通过体检及出勤时间的管理,确保航空人员具备完成某一项任务的身体条件;技术管理是针对航空人员为完成某一项任务需要经过的培训和技能的管理,包括训练管理、档案管理和执照管理。

第一节　航空人员概述

一、航空人员的定义及分类

根据《中华人民共和国民用航空法》,航空人员,是指下列从事民用航空活动的空勤人员和地面人员:

(1) 空勤人员,包括驾驶员、飞行机械人员、乘务员;

(2) 地面人员,包括民用航空器维修人员、空中交通管制员、飞行签派员、航空电台通信员。

航空人员应当接受专门训练,经考核合格,取得国务院民用航空主管部门颁发的执照,方可担任其执照载明的工作。空勤人员和空中交通管制员在取得执照前,还应当接受国务院民用航空主管部门认可的体格检查单位的检查,并取得国务院民用航空主管部门颁发的体格检查合格证书。

空勤人员在执行飞行任务时,应当随身携带执照和体格检查合格证书,并接受民航局的查验。

航空人员应当接受民航局定期或者不定期的检查和考核;经检查、考核合格的,方可继续担任其执照载明的工作。空勤人员还应当参加定期的紧急程序训练。

空勤人员间断飞行的时间超过民航局规定时限的,应当经过检查和考核;乘务员以外的空勤人员还应当经过带飞。经检查、考核、带飞合格的，方可继续担任其执照载明的工作。

民用航空器机组人员的飞行时间、执勤时间不得超过民航局规定的时限。民用航空器机组人员受到酒类饮料、麻醉剂或者其他药物的影响，损及工作能力的，不得执行飞行任务。

二、机组的组织管理及机长

机组在我国航空人员的管理中是居于第一线的基层组织，机组表现的优劣，直接关系到航班的安全与正常。

根据《民航法》的规定，机组由机长和其他空勤人员构成，机组由机长领导。机组的组成和人员数额，应当符合民航局的规定（适航证、飞行手册、有关文件规定）。随机工作人员和实习人员，应在飞行任务书中注明。机长应当由具有独立驾驶该型号民用航空器的技术和经验的正驾驶员担任。如果机组中有两名以上正驾驶员，必须指定一名为机长。

飞行中，机长因故不能履行职务的，由仅次于机长职务的驾驶员代理机长；在下一个经停地起飞前，民用航空器所有人或者承租人应当指派新机长接任。

在执行飞行期间，机长负责领导机组的一切活动，对航空器和航空器所载人员及财产的安全、航班正常、服务质量和完成任务负责。机组全体成员必须服从机长命令，听从机长指挥。

（一）机长的主要职责

为确保机长领导的权威性，《民航法》赋予机长的主要职责是：

（1）保证安全第一，改善服务工作，争取飞行正常；

（2）对机组进行全面管理；

（3）做好飞行前准备工作；

（4）正确操纵航空器和使用各种设备；

（5）遵守飞行纪律，服从空中交通管制；

（6）遇有复杂气象条件和发生特殊情况时，组织全空勤人员密切协作配合，正确处置；

（7）主持机组讲评，并向上级汇报。

（二）机长的权利和义务

《民航法》规定了机长享有的权利和必须履行的义务：

（1）飞行前，机长应当对民用航空器实施必要的检查，未经检查，不得起飞；机长发现民用航空器、机场、气象条件等不符合规定，不能保证飞行安全的，有权拒绝起飞；

（2）遇复杂气象或发生特情时，为保证航空器和旅客安全，对航空器处置做出最后决定；

（3）发现机组成员不适宜继续飞行，有碍飞行安全时，提出将其更换；

（4）空中治安权；

（5）民用航空器遇险时，指挥机组和旅客采取一切必要的抢救措施；

（6）在必须撤离遇险民用航空器的紧急情况下，首先组织旅客安全离开民用航空器；未经机长允许，机组人员不得擅自离开民用航空器；机长应当最后离开民用航空器；

（7）民用航空器发生事故，机长应当直接或者通过空中交通管制单位，如实将事故情况及时报告民航局；

（8）机长收到船舶或者其他航空器的遇险信号，或者发现遇险的船舶、航空器及其人员，应当将遇险情况及时报告就近的空中交通管制单位并给予可能的合理的援助。

三、航空人员的健康管理

目前航空人员的健康管理主要依据《民用航空人员体检合格证管理规则》，即 CCAR-67 部，为了保证从事民用航空活动的空勤人员和空中交通管制员身体状况符合履行职责和飞行安全的要求，根据《民航法》而制定。

空勤人员、空中交通管制员履行职责时，应当持有依照本规则取得的有效体检合格证，或者体检合格证认可证书，满足体检合格证或认可证书上载明的限制要求。

任何人不得擅自涂改、伪造体检合格证或者认可证书。

（一）体检合格证类别

根据 CCAR-67 部，体检合格证分下列类别：

（1）Ⅰ级体检合格证，如图 7-1 所示；

（2）Ⅱ级体检合格证；

（3）Ⅲ级体检合格证，包括Ⅲa、Ⅲb 级体检合格证；

（4）Ⅳ级体检合格证，包括Ⅳa、Ⅳb 级体检合格证。

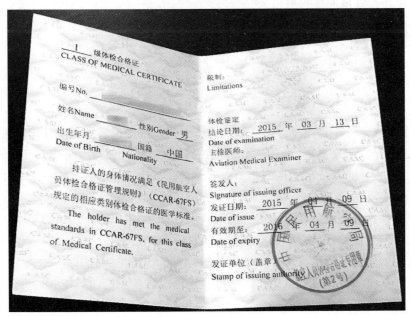

图 7-1　体检合格证

（二）体检合格证适用人员

根据 CCAR-67 部，体检合格证适用人员：

（1）航线运输驾驶员执照、多人制机组驾驶员执照、商用驾驶员执照（飞机、直升机或倾转旋翼机航空器类别等级）申请人或者持有人应当取得并持有Ⅰ级体检合格证。

（2）除上条之外的其他航空器驾驶员执照、飞行机械员执照申请人或者持有人应当取得并持有Ⅱ级体检合格证。

（3）机场管制员、进近管制员、区域管制员、进近雷达管制员、精密进近雷达管制员、区域雷达管制员应当取得并持有Ⅲa级体检合格证；飞行服务管制员、运行监控管制员应当取得并持有Ⅲb级体检合格证。

（4）客舱乘务员应当取得并持有Ⅳa级体检合格证。

（5）航空安全员应当取得并持有Ⅳb级体检合格证。

（三）体检合格证有效期

根据CCAR-67部，体检合格证有效期：

（1）体检合格证自颁发之日起生效。年龄计算以申请人进行体检鉴定时的实际年龄为准。

（2）Ⅰ级体检合格证有效期为12个月，年龄满60周岁以上者为6个月。其中参加《大型飞机公共航空运输承运人运行合格审定规则》（CCAR-121部）规定运行的驾驶员年龄满40周岁以上者为6个月。

（3）Ⅱ级体检合格证有效期为60个月。其中年龄满40周岁以上者为24个月。

（4）根据体检合格证持有人所履行的职责，Ⅲ级体检合格证的有效期为：

① Ⅲa级体检合格证有效期为24个月。其中年龄满40周岁以上者为12个月；

② Ⅲb级体检合格证有效期为24个月。

（5）Ⅳa级体检合格证和Ⅳb级体检合格证有效期为12个月。

（6）体检合格证持有人可以在体检合格证有效期届满30日前，按照本规则的规定，申请更新体检合格证。

四、航空人员的技术管理

航空人员的技术管理是通过严格必要的训练管理、跟踪记录的档案管理和最终取得执照的执照管理三者结合起来实现的，因而分为训练管理、档案管理和执照管理三类，包括体检、训练、考核、颁发执照和技术文件归档等内容。目前，我国航空人员的技术管理的主要规章如下：

（1）《飞行模拟训练设备管理和运行规则》（CCAR-60-R1）；

（2）《民用航空器驾驶员合格审定规则》（CCAR-61-R5）；

（3）《民用航空器飞行机械员合格审定规则》（CCAR-63FS-R1）；

（4）《民用航空飞行签派员执照和训练机构管理规则》（CCAR-65FS-R3）；

（5）《民用航空情报员执照管理规则》（CCAR-65TM-Ⅲ-R4）；

（6）《民用航空气象人员执照管理规则》（CCAR-65TM-Ⅱ-R3）；

（7）《民用航空电信人员执照管理规则》（CCAR-65TM-Ⅰ-R3）；

（8）《民用航空情报培训管理规则》（CCAR-65TM-Ⅳ-R1）；

（9）《民用航空器维修人员执照管理规则》（CCAR-66-R3）；

（10）《民用航空空中交通管制员执照管理规则》（CCAR-66TM-Ⅰ-R4）；

（11）《民用航空人员体检合格证管理规则》（CCAR-67FS-R4）；

（12）《航空安全员合格审定规则》（CCAR-69-R1）；

（13）《民用航空空中交通管制培训管理规则》（CCAR-70TM-R1）。

民航局和地区管理局各职能部门是具体负责航空人员技术管理工作的部门，还涉及航空公司、民用机场、空管局、航空院校等运行单位。技术管理人员，包括民航局和地区管理局的委任检查代表和监察员，以及航空公司、民用机场、空管局、航空院校等运行单位的检查员。

（一） 训练管理

训练管理是技术管理的前提和基础，对空勤人员和地面人员有较大差异，基本上都涉及理论和实践两个方面，包括理论教学、模拟机训练、基础训练、岗位训练、资格训练、定期复训、附加训练等。

（二） 档案管理

档案管理是技术管理的记录和依据，对飞行人员尤为重要，包括飞行记录簿、飞行经历记录本、各种审查报告、训练情况的记录、检查考试成绩单、毕业证明、结业证明、奖惩证明、事故调查结论、征候调查结论等。

（三） 执照管理

执照管理是技术管理的考核和结果。航空人员执照的申请人必须符合某些规定的要求，这些要求是与所任工作的复杂程度成比例的，包括航空理论知识要求、技能要求、经历要求等。要完全满足以上各项要求，需要适当的训练以便把人们的错误减少至最低限度，并且使他们成为有能力、灵巧、熟练、能够胜任的人员。国际民用航空组织（ICAO）颁布的《附件1：颁发人员执照》和相关训练手册规定了各类民航专业人员所需的各种技能以及所应接受的相关训练。各ICAO缔约国按照ICAO的统一的标准和要求来训练各种民航专业人员，向通过体检和各项检查考试的人员颁发各类民航专业执照。这样，各缔约国之间就能互相承认和接受对方人员的资格与执照，同时也能使旅客们对于国际民用航空的安全更加地信赖。

第二节　民用航空驾驶员的技术管理

为了与ICAO有关民用航空器驾驶员（简称驾驶员）执照的相关标准和建议措施保持一致，中国民用航空局根据《中华人民共和国民用航空法》制定了《民用航空器驾驶员合格审定规则》，即CCAR-61部，以规范民用航空器驾驶员的合格审定工作。最新的CCAR-61部的版本为CCAR-61-R5，生效时间为2019年1月1日。CCAR-61部适用于中国民用航空局、民用航空地区管理局及地区管理局派出机构对民用航空器驾驶员执照的颁发与管理。民航局飞行标准职能部门统一管理民用航空器驾驶员合格审定工作，负责全国民用航空器驾驶员的执照和等级的颁发与管理工作。地区管理局及其派出机构的飞行标准职能部门根据民航局飞行标准职能部门的规定，具体负责本地区民用航空器驾驶员执照和等级的颁发与管理工作。

本节主要介绍《民用航空器驾驶员合格审定规则》（CCAR-61 部）的规定，民用航空器驾驶员执照与等级的申请和权利行使应当遵守本规定。

一、驾驶员执照类别和等级

（一）驾驶员执照类别

民用航空驾驶员是驾驶民用航空器的航空人员。其中，机长，是指在飞行时间内负责航空器的运行和安全的驾驶员；副驾驶，是指在飞行时间内除机长以外的、在驾驶岗位执勤的持有执照的驾驶员，但不包括在航空器上仅接受飞行训练的驾驶员。对完成 CCAR-61 部所要求的相应训练并符合所申请驾驶员执照要求的申请人，颁发执照类别包括：

（1）学生驾驶员执照；

（2）运动驾驶员执照；

（3）私用驾驶员执照；

（4）商用驾驶员执照；

（5）多人制机组驾驶员执照；

（6）航线运输驾驶员执照。

民用航空器驾驶员执照如图 7-2 所示。

图 7-2　民用航空器驾驶员执照

（二）驾驶员执照等级

等级，是指填在执照上或与执照有关并成为执照一部分的授权，说明关于此种执照的特殊条件、权利或限制。对完成 CCAR-61 部所要求的相应训练并符合所申请等级要求的申请人，在其私用驾驶员执照、商用驾驶员执照和航线运输驾驶员执照上签注下列相应的等级：

1. 航空器类别等级

（1）飞机；

（2）直升机；

（3）飞艇；

（4）倾转旋翼机。

2．航空器（飞机）级别等级

（1）单发陆地；

（2）多发陆地；

（3）单发水上；

（4）多发水上。

3．航空器型别等级

（1）审定为最大起飞全重在 5 700 千克以上的飞机；

（2）审定为最大起飞全重在 3 180 千克以上的直升机和倾转旋翼机；

（3）涡轮喷气动力的飞机；

（4）局方通过型号合格审定程序确定需要型别等级的其他航空器。

4．仪表等级（仅用于私用和商用驾驶员执照）

（1）仪表-飞机；

（2）仪表-直升机；

（3）仪表-飞艇；

（4）仪表-倾转旋翼机。

5．教员等级（仅用于商用和航线运输驾驶员执照）

教员可分为基础教员、仪表教员和型别教员三种。

（1）基础教员：基础教员的等级可分为单发飞机、多发飞机、直升机、飞艇和倾转旋翼机五类；

（2）仪表教员：仪表教员的等级可分为仪表-飞机、仪表-直升机、仪表-飞艇和仪表-倾转旋翼机四类；

（3）型别教员。

6．多人制机组驾驶员执照上的等级

对完成 CCAR-61 部所要求的相应训练并符合所申请等级要求的申请人，在其多人制机组驾驶员执照上签注下列相应的等级：

（1）航空器类别等级（飞机）；

（2）航空器级别等级（多发陆地）；

（3）航空器型别等级（仅限副驾驶）。

二、各类驾驶员执照权利和限制

（一）学生驾驶员执照单飞要求和一般限制

学生驾驶员只有当满足本条的要求时方可操纵航空器单飞。首先，学生驾驶员应当通过由授权教员实施的理论考试，证明其具有要求的航空知识。理论考试应当包括 CCAR-61 部和一般运行规则中的相关适用部分、单飞所用机场的空中交通规则和程序、所用航空器的飞行特性和运行限制等内容。在被批准实施单飞前，学生驾驶员应当已经接受并记录了单飞所用航空器的适用动作与程序的飞行训练，并经授权教员在该型号或类似航空器上检查，认为该驾驶员熟练掌握了这些动作与程序，能够安全实施单飞。

学生驾驶员不得从事下列行为：

（1）在载运旅客的航空器上担任机长；

（2）以取酬为目的在载运货物的航空器上担任机长；

（3）为获取酬金而担任航空器机长；

（4）在空中或地面能见度白天小于 5 千米、夜间小于 8 千米的飞行中担任航空器机长；

（5）在不能目视参照地标的飞行中担任航空器机长；

（6）在违背授权教员对于该驾驶员飞行经历记录本中签注的限制的情况下担任航空器机长。

学生驾驶员不得在航空器型号合格审定或实施该飞行所依据的规章要求配备一名以上驾驶员的任何航空器上担任飞行机组必需成员，但在飞艇或小型飞艇上接受授权教员的飞行教学，并且该航空器上除飞行机组必需成员外没有任何其他人员时除外。

（二）私用驾驶员执照权利和限制

私用驾驶员执照持有人可以不以取酬为目的在非经营性运行的相应航空器上担任机长或者副驾驶。但是，私用驾驶员执照持有人不得以取酬为目的在经营性运行的航空器上担任机长或副驾驶，也不得为获取酬金而在航空器上担任飞行机组必需成员。

（三）商用驾驶员执照权利

商用驾驶员执照持有人具有下列权利：

（1）行使相应的私用驾驶员执照持有人的所有权利；

（2）在以取酬为目的经营性运行的航空器上担任机长或副驾驶，但不得在相应运行规章要求机长应当具有航线运输驾驶员执照的运行中担任机长；

（3）为获取酬金而担任机长或副驾驶。

（四）飞机类别多人制机组驾驶员执照权利和限制

飞机类别多人制机组驾驶员执照持有人可以行使飞机类别的私用驾驶员执照持有人的所有权利，以及在多人制机组运行中行使飞机类别仪表等级的权利，还可以在其执照签注型别等级的飞机上行使副驾驶权利。在单驾驶员运行的飞机中行使商用驾驶员执照权利之前，执照持有人应当符合本章规定的与飞机类别相应的商用驾驶员执照飞行经历和飞行技能要求，并取得按照 CCAR-61 部颁发的商用驾驶员执照。另外，执照持有人在单人操纵的航空器上行使仪表等级权利前，应当完成附加训练。

（五）航线运输驾驶员执照权利和限制

航线运输驾驶员可以行使相应的私用和商用驾驶员执照以及仪表等级的权利，并且可以在从事公共航空运输的航空器上担任机长和副驾驶。如果飞机类别的航线运输驾驶员执照持有人以前仅持有多人制机组驾驶员执照，除非其飞行经历已满足 CCAR-61 部中对在单驾驶员运行的飞机中行使商用驾驶员执照权利的所有要求，否则在其执照的多发飞机等级上签注"仅限于多人制机组运行"。

三、各类驾驶员执照申请要求

各类驾驶员执照申请的基本要求如表 7-1 所示。

表 7-1　各类驾驶员执照申请的基本要求

相关要求	执照类型				
	学生驾驶员执照	私用驾驶员执照	商用驾驶员执照	多人制机组驾驶员执照	航线运输驾驶员执照
年龄	年满 16 周岁	年满 17 周岁	年满 18 周岁	年满 18 周岁	年满 21 周岁
品德	5 年内无犯罪记录	5 年内无犯罪记录	无犯罪记录	无犯罪记录	无犯罪记录
语言能力	能正确读、听、说、写汉语，无影响双向无线电通话的口音和口吃。申请人因某种原因不能满足部分要求的，局方应当在其执照上签注必要的运行限制				
文化程度	无要求	初中或者初中以上	高中或者高中以上	大学本科或以上	高中或者高中以上
体检合格证	Ⅱ级或者Ⅰ级	Ⅱ级或者Ⅰ级	Ⅰ级	Ⅰ级	Ⅰ级
前提执照要求	无要求	无要求	私用驾驶员执照	私用驾驶员执照	商用驾驶员执照和仪表等级或多人制机组驾驶员执照
理论方面	无要求	完成航空知识训练并通过理论考试	完成航空知识训练并通过理论考试	完成航空知识训练并通过理论考试	通过理论考试
实践方面	无要求	飞行技能训练并通过实践考试	飞行技能训练并通过实践考试	飞行技能训练并通过实践考试	通过实践考试
飞行经历要求	无要求	有	有	有	有
航空器类别和级别等级要求	无要求	有	有	无要求	有
ICAO 英语	无要求	无要求	无要求	无线电通信 3 级或以上	无要求
安全飞行限制	无要求	无要求	已满三年	已满三年	一般飞行事故满两年，较大飞行事故满十年，重大及以上不得申请

上表中所列只是各种驾驶员执照申请的基本要求，具体理论、实践、飞行经历、安全飞行限制等方面的要求见 CCAR-61 部相关条款。

第三节　飞行签派员的技术管理

为了规范中国民用航空飞行签派人员（简称签派员）执照与飞行签派员训练机构的合格审定和管理工作，根据《中华人民共和国民用航空法》《中华人民共和国行政许可法》和《国务院对确需保留的行政审批项目设定行政许可的决定》等法律、行政法规，制定《民用航空飞行签派员执照和训练机构管理规则》，即 CCAR-65 部。最新的 CCAR-65 部的版本为 CCAR-65FS-R3，生效时间为 2022 年 10 月 1 日，民航局和地区管理局负责对飞行签派员执照和飞行签派员训练机构合格证的颁发和管理。飞行签派员执照和飞行签派员训练机构合格证的申请与权利行使应当遵守本规则的规定。本规则所称飞行签派员训练机构（简称训练机构），是指对飞行签派员执照申请人实施执照课程训练的机构。

本节主要介绍签派员训练和执照管理的规则，即《民用航空飞行签派员执照和训练机构管理规则》（CCAR-65 部）。

民航局负责全国飞行签派员执照的颁发与管理工作；负责组织、指导全国训练机构的合格审定和持续监督检查工作，制定必要的工作程序，规定合格证的编号和统一格式。地区管理局受民航局委托负责受理本地区飞行签派员执照的申请，组织飞行签派员执照考试和定期检查；负责受理本地区训练机构的申请，对训练机构进行合格审定，颁发训练机构合格证并及时向民航局备案；负责对本地区的飞行签派员执照和训练机构实施持续监督检查。

一、签派员训练管理

（一）签派员的经历和训练要求

签派员执照申请人必须满足下列情形之一的经历和训练要求：

（1）执照申请人在执照理论考试前，应当在训练机构完成至少 1 000 小时的训练，并获得结业证书。

（2）执照申请人在执照理论考试前，具有下列执照或者从业经历之一的，在训练机构完成至少 500 小时的训练，并获得结业证书：

① 持有附加仪表等级的商用驾驶员执照或者航线运输驾驶员执照；
② 持有民用航空情报员执照；
③ 持有民用航空气象人员执照；
④ 持有民用航空空中交通管制员执照；
⑤ 在国家航空器运行中担任驾驶员至少 2 年。

（二）签派员的知识和能力要求

签派员执照申请人应当至少具备航空法律法规规章、运行控制基础理论、系统安全管理与运行风险管控、航空器、航空气象、航行情报、通信导航与监视、空中交通管理、紧急与非正常情况处置、签派实践应用等方面的知识和能力。

二、签派员执照管理

签派员执照持有人可以由运营人指定从事飞行运行控制和监督工作。对于公共航空运输运行，签派员执照持有人除应当遵守本规则适用的训练、经历、资格等规定外，还应当遵守公共航空运输运行规章中的相应规定。

申请取得飞行签派员执照，应当具备下列条件：

（1）年满 21 周岁；

（2）身心健康，具有良好的职业道德和敬业精神；

（3）具有国家承认的大学本科（含）以上毕业学历；

（4）能够正确听、说、读、写并且理解汉语；

（5）符合本规则规定的经历和训练要求；

（7）具备本规则规定的知识和能力；

（8）通过本规则规定的理论考试和实践考试。

第四节　空中交通管制员的技术管理

为规范民用航空空中交通管制员（简称管制员）的训练管理工作，加强民用航空空中交通管制培训工作的管理，根据《中华人民共和国民用航空法》和《中华人民共和国飞行基本规则》，结合空中交通管制工作的实际情况，制定《民用航空空中交通管制培训管理规则》，即 CCAR-70 部。最新的 CCAR-70 部的版本为 CCAR-70TM-R1，生效时间为 2016 年 5 月 22 日，适用于从事民用航空空中交通管制工作以及空中交通管制培训工作的专业人员和机构。

为了规范民用航空空中交通管制员的执照管理工作，根据《中华人民共和国民用航空法》《中华人民共和国行政许可法》和《中华人民共和国飞行基本规则》，制定《民用航空空中交通管制员执照管理规则》，即 CCAR-66-Ⅰ部。最新的 CCAR-66-Ⅰ部的版本为 CCAR-66TM-Ⅰ-R4，生效时间为 2016 年 4 月 17 日，适用于管制员执照的申请、颁发、管理和监督。

本节主要介绍管制员训练管理的规则，即《民用航空空中交通管制培训管理规则》（CCAR-70 部），以及管制员执照管理的规则，即《民用航空空中交通管制员执照管理规则》（CCAR-66-Ⅰ部）。

一、管制员训练管理

管制员训练管理主要依据《民用航空空中交通管制培训管理规则》（CCAR-70 部）。

各民用航空空中交通管制单位（简称管制单位）和民用航空空中交通管制培训机构（简称管制培训机构，即符合条件的担任基础培训的院校及其他空中交通管制培训机构）应当根据本规则，结合实际情况和需要，制定相应的培训、管理实施办法。管制培训大纲由民航局统一制定。各管制单位和管制培训机构应当根据民航局制定的管制培训大纲并结合培训的具体类别和内容，制定培训计划并组织实施。民航局负责全国民用航空空中交通管制培训工作的统一管理。民航地区管理局负责协调和监督管理本辖区民用航空空中交通管制培训工作。

民用航空空中交通管制培训（简称管制培训）分为管制基础培训（简称基础培训）和管制岗位培训（简称岗位培训）。

基础培训，是为了使受训人具备从事管制工作的基本管制知识和基本管制技能，在符合条件的管制培训机构进行的初始培训。基础培训包括管制基础专业培训和管制基础模拟机培训。

岗位培训，是为了使受训人适应岗位所需的专业技术知识和专业技能，在管制单位进行的培训。岗位培训包括资格培训、设备培训、熟练培训、复习培训、附加培训、补习培训和追加培训。

（一）基础培训

管制基础专业培训是为了使受训人了解、掌握从事管制工作的基本知识和基本技能而进行的培训，是进入岗位培训和获得管制员执照的前提条件。

管制基础模拟机培训是为了使受训人掌握从事特定类别管制工作的基本知识和基本技能而进行的培训，是增加管制执照特定类别签注的前提条件。管制基础模拟机培训包括雷达管制基础模拟机培训和其他管制基础模拟机培训。

管制基础专业培训应当在不短于1年的时间内完成至少800小时的学习。管制基础专业培训可以在学历教育期间完成。航空情报、签派等相关专业培训合格的学员转入管制专业学习的，管制基础专业培训时间可以适当减少，但不得少于200小时。

雷达管制基础模拟机培训应当在不短于2个月的时间内完成至少240小时的学习，其中每人管制席位上机时间不得少于60小时。其他管制基础模拟机培训时间由民航局另行制定。管制基础模拟机培训可以在受训人进入管制单位后或者学历教育期间完成。

参加管制基础专业培训的受训人应当满足以下条件：

（1）具备从事管制工作的身体条件；

（2）大学在读或者毕业；

（3）具备从事管制工作的心理素质和能力；

（4）能正确读、听、说、写汉语，口齿清楚，无影响双向无线电通话的口吃和口音；

（5）具备一定的英语基础。

开展管制基础模拟机培训上机训练时，基础培训教员与受训人比例不得低于二分之一。

（二）岗位培训

岗位培训的目的是使受训人获得在空中交通管制岗位工作的能力与资格。受训人完成管制基础专业培训后，方可参加岗位培训。岗位培训方式通常包括课堂教学、模拟操作和岗位实作三部分。

1. 资格培训

资格培训是使受训人具备在管制岗位工作的能力，并获得独立上岗工作资格所进行的培训。资格培训的上岗培训时间不得少于1 000小时。

进行雷达管制岗位资格培训前，受训人应当经过符合条件的雷达管制基础模拟机培训，通过考核，取得培训合格证。

2. 设备培训

设备培训是使受训人具备熟练使用新安装、以前未使用过或虽然使用过但现已有所更改的空中交通管制设备能力的培训。

设备培训的内容包括：设备的基本工作原理和构成，功能及正确的操作方法，以及使用注意事项和禁止性规定。

3. 熟练培训

熟练培训是指受训人连续脱离管制岗位工作一定时间后，恢复管制岗位工作前须接受的培训。熟练培训应当符合下列要求：

（1）连续脱离该岗位90天以下的，由管制单位培训主管决定其是否需要进行熟练培训以及培训时间，经培训主管决定免于岗位熟练培训的，应当熟悉在此期间发布、修改的有关资料、程序和规则；

（2）连续脱离岗位超过90天未满180天的，应当在岗位培训教员的监督下进行不少于40小时的熟练培训；

（3）连续脱离岗位180天以上未满1年的，应当在岗位培训教员的监督下进行不少于60小时的熟练培训；

（4）连续脱离岗位1年以上的，应当在岗位教员的监督下进行不少于100小时的熟练培训。

熟练培训内容包括：了解脱岗期间发布的法规和规定，掌握本管制单位程序规则的变化，熟悉管制工作环境，恢复管制知识和技能。

4. 复习培训

复习培训是使空中交通管制员熟练掌握应当具备的知识和技能，提供大流量和复杂气象条件下的管制服务，并能处理工作中遇到的设备故障和航空器突发的不正常情况所进行的培训。

管制员每年至少应当进行一次复习培训和考核。机场、进近、区域管制员模拟机培训时间不少于40小时。实施雷达管制的管制单位管制员在满足40小时雷达管制模拟机培训的基础上，可以根据实际情况适当减少程序管制模拟机培训时间，但不得少于20小时。

复习培训包括正常、非正常情况下空中交通管制知识和技能的培训。

5. 附加培训

附加培训是在新的或修改的程序、规则开始实施前，为使管制员熟悉新的或修改过的程序、规则进行的培训。管制单位培训主管应当根据程序、规则变化的程度，决定培训内容和所需时间。

附加培训应当采取下列方法：组织相关人员学习，并进行考试；进行模拟培训，确保正确掌握新的或修改过的程序、规则；适时进行岗位演练。模拟培训和岗位演练，应当在组织理论学习后进行。

附加培训需要由两个或两个以上单位联合进行时，应当明确组织单位和负责人。

6. 补习培训

补习培训是指为改正管制员工作技能存在缺陷而进行的培训，补习培训由管制单位培训主管根据情况组织实施。

补习培训应当采用下列方法：组织受训人学习有关文件、规定、程序，并进行考试；组织模拟培训，并进行考试。

管制员经过补习培训，未通过补习培训考试的，管制单位应当暂停该管制员在其岗位工作。

7. 追加培训

追加培训是指由于受训人本人原因，未能按前述 6 种方式的规定通过培训，应当增加的培训。

追加培训时间为预计培训时间的四分之一至三分之一。每种培训的追加培训最多连续不得超过 2 次，否则管制单位应当终止培训，并暂停该管制员在其岗位工作，并重新进行相应种类的培训。

二、管制员执照管理

管制员执照管理主要依据《民用航空空中交通管制员执照管理规则》（CCAR-66-Ⅰ部）。

管制员实行执照管理制度，执照经注册方为有效执照。持有有效管制员执照的，方可独立从事其执照载明的空中交通服务工作。管制员执照由民航局统一颁发和管理。地区管理局负责本辖区管制员执照的具体管理工作。依照本规则规定承担执照管理相关工作的其他单位和个人应当根据授权范围做好相关工作，并接受民航局和地区管理局监督。

管制员执照类别（简称执照类别）、英语无线电陆空通信资格（简称英语资格）、特殊技能水平（简称特殊技能）、从事管制工作的地点（简称工作地点）等以签注标明。

管制员所从事的工作应当与其执照签注相符合。

（一）管制员执照类别和相关定义

管制员执照类别包括机场管制、进近管制、区域管制、进近雷达管制、精密进近雷达管制、区域雷达管制、飞行服务和运行监控等八类。

CCAR-66-Ⅰ部中相关定义如下：

（1）管制员执照，是指管制员执照持有人（简称持照人）具有符合要求的知识、技能和经历，有资格从事特定空中交通管制工作的证明文件。

（2）空中交通管制检查员（简称管制检查员），是由民航局委任，依据规定代表民航局从事有关空中交通管制人员资质管理和空中交通管制单位技术检查等工作的专业技术人员。

（3）体检合格证，是指依据民航局规章，由民用航空卫生管理部门颁发的，表明体检合格证持有人的身体状况符合相应医学标准的证明文件。

（4）管制员执照培训合格证（简称培训合格证），是表明合格证持有人在专业培训机构为获取执照或者执照签注而完成专门训练的证明文件。

（5）管制员理论考试合格证（简称理论考试合格证），是表明合格证持有人具备从事空中交通管制工作所需专业知识的证明文件。

（6）管制员技能考核合格证（简称技能考核合格证），是表明合格证持有人具备从事空中交通管制工作所需专业技能的证明文件。

（7）作用于精神的物品，是指酒精、鸦片、大麻、可卡因及其他兴奋剂，安眠药及其他镇静剂，幻觉剂，但咖啡和烟草除外。

（二）管制员执照申请

根据规定取得培训合格证，并满足规定的申请经历要求后，管制员执照或者签注申请人方可参加理论考试。管制员执照或者签注申请人的理论考试由工作单位所在地的地区管理局组织。

管制员执照或者签注理论考试可以通过笔试或者计算机辅助考试实现。理论考试为百分制，成绩在80分（含）以上的申请人方可获得理论考试合格证。管制员执照或者签注理论考试合格者由地区管理局颁发理论考试合格证。理论考试合格证有效期3年。

根据规定取得培训合格证，并满足规定的申请经历要求后，管制员执照或者签注申请人方可参加技能考核。管制员执照或者签注申请人的技能考核由工作单位所在地的地区管理局组织，并安排管制检查员主持考核。

管制员执照或者签注技能考核可以通过在实际运行环境中或者模拟环境中了解申请人技术能力的方式进行。管制员执照或者签注技能考核按优、良、中、差评定。考核评定在良（含）以上者为考核合格。经主持考核的管制检查员评定，管制员执照或者签注技能考核合格者由地区管理局签发技能考核合格证。技能考核合格证有效期1年。

管制员执照申请人应当具备下列条件：

（1）具有中华人民共和国国籍；

（2）热爱民航事业，具有良好的品行；

（3）年满21周岁；

（4）具有大学专科（含）以上文化程度；

（5）能正确读、听、说、写汉语，口齿清楚，无影响双向无线电通话的口吃和口音；

（6）通过规定的体检，取得有效的体检合格证；

（7）完成规定的专业培训，取得有效的培训合格证；

（8）通过理论考试，取得有效的理论考试合格证；

（9）通过技能考核，取得有效的技能考核合格证；

（10）符合本规则规定的管制员执照申请人经历要求。

第五节　民用航空情报员的技术管理

为规范民用航空情报人员（简称情报员）培训工作，加强对民用航空情报培训工作的管理，根据《中华人民共和国民用航空法》，结合民用航空情报工作的实际情况，制定《民用航空情报培训管理规则》，即 CCAR-65-Ⅳ部。最新的 CCAR-65-Ⅳ部的版本为 CCAR-65TM-Ⅳ-R1，生效时间为 2017 年 1 月 1 日，适用于从事民用航空情报工作以及民用航空情报培训工作的专业人员和机构。各民用航空情报服务机构和民用航空情报培训机构应当根据本规则，结合实际情况和需要，制定相应的培训、管理实施办法。民用航空情报培训机构是指符合条件的担任基础培训的院校及其他民用航空情报培训机构。

为了规范民用航空情报员执照的管理，根据《中华人民共和国行政许可法》和《国务院对确需保留的行政审批项目设定行政许可的决定》，制定《民用航空情报员执照管理规则》，即 CCAR-65-Ⅲ部。最新的 CCAR-65-Ⅲ部的版本为 CCAR-65TM-Ⅲ-R4，生效时间为 2016 年 4 月 17 日，适用于情报员执照的申请、颁发、管理和监督。

本节主要介绍情报员训练管理的规则，即《民用航空情报培训管理规则》（CCAR-65-Ⅳ部），以及情报员执照管理的规则，即《民用航空情报员执照管理规则》（CCAR-65-Ⅲ部）。

一、情报员训练管理

管制员训练管理主要依据《民用航空情报培训管理规则》（CCAR-65-Ⅳ部）。

民用航空情报培训大纲，由民航局统一制定。各民用航空情报服务机构和民用航空情报培训机构应当根据民航局制定的情报培训大纲并结合培训的具体类别和内容，制定培训计划并组织实施。民航局负责全国民用航空情报培训工作的统一管理。地区管理局负责协调和监督管理本辖区民用航空情报培训工作。各民用航空情报服务机构具体负责本单位航空情报培训工作的开展。

民用航空情报培训分为民用航空情报基础培训和民用航空情报岗位培训。

民用航空情报基础培训（简称基础培训），是为了使受训人具备从事民用航空情报工作的基本知识和基本技能，在符合条件的民用航空情报培训机构进行的初始培训。

民用航空情报岗位培训（简称岗位培训），是为了使受训人适应岗位所需的专业技术知识和专业技能，由民用航空情报服务机构组织进行的培训。岗位培训包括岗位资格培训、业务提高培训和新技术培训。

（一）基础培训

基础培训是为了使受训人了解掌握从事民用航空情报工作的基本知识和基本技能而进行的培训，是进入岗位培训和获得民用航空情报员执照的前提条件。

基础培训的时间不得少于 800 小时，可以在学历教育期间完成。管制、签派等相关专业培训合格的学员转入民用航空情报专业学习的，基础培训时间可以适当减少，但不得少于 200 小时。

参加基础培训的受训人应当满足以下条件：

（1）具备从事民用航空情报工作的身体条件；

（2）具备从事民用航空情报工作的心理素质和能力；

（3）口齿清楚，无色盲等缺陷；

（4）具备一定的英语基础。

（二）岗位培训

岗位资格培训是指为受训人掌握必需的业务知识和技能，取得在民用航空情报岗位独立工作的资格而进行的培训。岗位资格培训时间不得少于1 000小时。

业务提高培训是对民用航空情报员提高业务知识和技能的培训。业务提高培训每2年至少进行1次，培训的时间和内容应当由民用航空情报服务机构根据受训人和民用航空情报工作的实际需要确定。

新技术培训是指为掌握民用航空最新的科学技术、技术标准或者设备使用而进行的不定期培训。

岗位资格培训、业务提高培训和新技术培训完成后，应当通过相应的考核。

二、情报员执照管理

管制员执照管理主要依据《民用航空情报员执照管理规则》（CCAR-65-Ⅲ部）。

管制员实行执照管理制度，执照经注册方为有效执照。持有有效管制员执照的，方可独立从事其执照载明的空中交通服务工作。管制员执照由民航局统一颁发和管理。地区管理局负责本辖区管制员执照的具体管理工作。依照本规则规定承担执照管理相关工作的其他单位和个人应当根据授权范围做好相关工作，并接受民航局和地区管理局监督。

（一）情报员执照相关定义

CCAR-65-Ⅲ部中相关定义如下：

（1）民用航空情报员，是指从事收集、整理、编辑民用航空资料，设计、制作、发布航空情报产品，提供及时、准确、完整的民用航空活动所需的航空情报服务工作的人员。

（2）民用航空情报员执照，是指情报员执照持有人（简称持照人）具有符合要求的知识、技能和经历，有资格从事航空情报服务工作的证明文件。

（3）民用航空情报检查员（简称情报检查员），是指由民航局委任，依据规定代表民航局从事有关民用航空情报人员资质管理和航空情报服务机构技术检查等工作的专业技术人员。

（4）情报员执照培训合格证（简称培训合格证），是表明合格证持有人在专业培训机构为获取执照而完成专门训练的证明文件。

（5）情报员理论考试合格证（简称理论考试合格证），是表明合格证持有人具备从事航空情报服务工作所需专业知识的证明文件。

（6）情报员技能考核合格证（简称技能考核合格证），是表明合格证持有人具备从事航空情报服务工作所需专业技能的证明文件。

（7）作用于精神的物品，是指酒精、鸦片、大麻、可卡因及其他兴奋剂，安眠药及其他镇静剂，幻觉剂，但咖啡和烟草除外。

（二）情报员执照申请

根据规定取得培训合格证，并满足规定的申请经历要求后，申请人方可参加理论考试。申请人的理论考试由工作单位所在地的地区管理局组织。

情报员执照理论考试可以通过笔试或者计算机辅助考试实现。理论考试为百分制，成绩在 80 分（含）以上的申请人方可获得理论考试合格证。理论考试合格者由工作单位所在地的地区管理局颁发合格证。理论考试合格证有效期 3 年。

根据规定取得培训合格证，并满足规定的申请经历要求后，申请人方可参加技能考核。申请人的技能考核由工作单位所在地的地区管理局组织，并安排情报检查员主持考核。

情报员执照技能考核可以通过在实际运行环境中或者模拟环境中了解申请人技术能力的方式进行。情报员执照技能考核按优、良、中、差评定。考核评定在良（含）以上者为考核合格。主持技能考核的检查员应当详细记录考核情况，分析申请人技术水平，并评定技能考核结果。经主持技能考核的情报检查员评定，情报员执照技能考核合格者由地区管理局签发技能考核合格证。技能考核合格证有效期为 1 年。

情报员执照申请人应当具备下列条件：

（1）具有中华人民共和国国籍；

（2）热爱民航事业，具有良好的品行；

（3）具有大学专科（含）以上文化程度；

（4）口齿清楚，无色盲等缺陷；

（5）完成规定的专业培训，取得有效的执照培训合格证；

（6）通过理论考试，取得有效的理论考试合格证；

（7）通过技能考核，取得有效的技能考核合格证；

（8）符合本规则规定的申请人经历要求。

其他航空人员（如民用航空器飞行机械员、维修人员、气象人员、电信人员等）的技术管理的行业规章，参见本章第一节相关规章，其中都有涉及训练管理、执照管理和档案管理的相关规定。

本章介绍了航空人员的定义、分类及其组织管理、健康管理和技术管理，从技术管理的训练管理、档案管理、执照管理三个方面分别介绍了民用航空驾驶员、签派员、管制员和情报员的技术管理，涉及相关法规及其定义、训练的种类和相关机构、执照的分类和申请要求等。

第八章　民用机场及运行管理

第一节　民用机场

一、民用机场概述

（一）民用机场的相关法规

我国对民用机场管理在技术层面的法规依据主要有：

（1）《中华人民共和国民用航空法》；

（2）《民用机场管理条例》（2009年，国务院令第553号）；

（3）《关于建设机场和合用机场审批程序的若干规定》（国务院、中央军委，国办发〔1985〕49号）；

（4）《关于军民合用机场使用管理的若干暂行规定》（1985年，国务院、中央军委）；

（5）《民用机场飞行程序和运行最低标准管理规定》（CCAR-97FS-R3）；

（6）《中国民用航空无线电管理规定》（CCAR-118TM）；

（7）《民用机场专用设备管理规定》（CCAR-137CA-R4）；

（8）《运输机场使用许可规定》（CCAR-139CA-R4）；

（9）《民用运输机场突发事件应急救援管理规则》（CCAR-139-Ⅱ-R1）；

（10）《运输机场运行安全管理规定》（CCAR-140-R2）；

（11）《民用机场建设管理规定》（CCAR-158-R2）；

（12）《运输机场专业工程建设质量和安全生产监督管理规定》（CCAR-165-R1）；

（13）《民用航空运输机场航空安全保卫规则》（CCAR-329）；

（14）《民用机场航空器活动区道路交通安全管理规则》（CCAR-331SB-R1）；

（15）《民用机场飞行区技术标准》（MH 5001-2021）；

（16）《民用航空机场运行最低标准制定与实施准则》（AC-97-FS-2011-01）。

（二）民用机场的定义和分类

依据《中华人民共和国民用航空法》（简称《民航法》）第53条，民用机场是指专供民用航空器起飞、降落、滑行、停放以及进行其他活动使用的划定区域，包括附属的建筑物、装置和设施。《民航法》中所指民用机场不包括临时机场。

我国的机场按使用性质分为：军用机场、军民共用机场和民用机场。民用机场按使用范围分为：运输机场和通用航空机场。按是否对外开放分为：国际机场和国内机场。军民合用机场由国务院、中央军事委员会另行制定管理办法。

根据《民用机场飞行区技术标准》（MH 5001-2021），机场飞行区是供飞机起飞、着陆、滑行和停放使用的场地，一般包括跑道、滑行道、机坪、升降带、跑道端安全区，以及仪表着陆系统、进近灯光系统等所在的区域，通常由隔离设施和建筑部所围合。机场飞行区根据拟使用该飞行区的飞机的特性按指标 I 和指标 II 进行分级。指标 I 按拟使用该飞行区跑道的各类飞机中最长的基准飞行场地长度，采用数字 1、2、3、4 进行划分，如表 8-1 所示。指标 II 按拟使用该飞行区跑道的各类飞机中的最大翼展，采用字母 A、B、C、D、E、F 进行划分，如表 8-2 所示。

表 8-1　飞行区指标 I

飞行区指标 I	飞行基准飞行场地长度/m
1	<800
2	800～1 200（不含）
3	1 200～1 800（不含）
4	≥1 800

表 8-2　飞行区指标 II

飞行区指标 II	翼展/m
A	<15
B	15～24（不含）
C	24～36（不含）
D	36～52（不含）
E	52～65（不含）
F	65～80（不含）

（三）民用机场的管理部门

根据《民用机场管理条例》，运输机场是指为从事旅客、货物运输等公共航空运输活动的民用航空器提供起飞、降落等服务的机场。通用机场是指为从事工业、农业、林业、渔业和建筑业的作业飞行，以及医疗卫生、抢险救灾、气象探测、海洋监测、科学实验、教育训练、文化体育等飞行活动的民用航空器提供起飞、降落等服务的机场。飞行区指标为 4D 的运输机场是指可供基准飞行场地长度大于 1 800 米、翼展在 36 米至 52 米之间的民用航空器起飞、降落的机场。飞行区指标为 4E 的运输机场是指可供基准飞行场地长度大于 1 800 米、翼展在 52 米至 65 米之间的民用航空器起飞、降落的机场。民航局主要负责飞行区等级 4E 及 4E 以上的大中型公共运输机场的技术管理，飞行区等级 4D 及 4D 以下的中小机场一般由地区管理局负责技术管理，报民航局备案。

机场的管理部门在我国进行机场属地化改革后，大致只由民航系统保留了技术上的管理职能，其行政归属已划归地方管辖。

国际机场由机场所在地省级人民政府向国务院申请，由国务院统一管理，其开放使用民航局对外公告，并由民航局统一对外公布资料。

民用机场管理主要包括对民用机场的规划、设计、设备、运行等方面的管理，其主要涉及：机场道面、助航灯光和标志、机场净空、旅客航站楼、附属设施（包括通信、导航、雷达、气象及空管等）、最低运行标准、安全保卫等诸多要素，同时还要考虑到与地方经济发展、城市规划、环境保护的协调，其涉及管理范围极其广泛。

二、民用机场的建设管理

（一）民用机场的规划建设

民用机场的建设和使用应当统筹安排、合理布局，提高机场的使用效率。全国民用机场的布局和建设规划，由民航局会同国务院其他有关部门制定，并按照国家规定的程序，经批准后组织实施。省、自治区、直辖市人民政府应当根据全国民用机场的布局和建设规划，制定本行政区域内的民用机场建设规划，并按照国家规定的程序报经批准后，将其纳入本级国民经济和社会发展规划。

民用机场建设规划应当与城市建设规划相协调。

新建、改建和扩建民用机场，应当符合依法制定的民用机场布局和建设规划，符合民用机场标准，并按照国家规定报经有关主管机关批准并实施。不符合依法制定的民用机场布局和建设规划的民用机场建设项目，不得批准。

新建、扩建民用机场，应当由民用机场所在地县级以上地方人民政府发布公告，在当地主要报纸上刊登，并在拟新建、扩建机场周围地区张贴。

（二）民用机场使用许可证

在机场建设竣工之后，须经验收合格，取得机场使用许可证，方可开放使用。机场使用许可证对民用机场而言，是关乎机场能否初始开放和正常运行的关键证书。

民用机场使用许可证由机场管理机构向民航局申请，经其批准后颁发。

申请机场使用许可证应具备的条件：

（1）具备与其运营业务相适应的飞行区、航站区、工作区以及服务设施和人员；

（2）具备能够保障飞行安全的空中交通管制、通信导航、气象等设施和人员；

（3）具备符合国家规定的安全保卫条件；

（4）具备处理特殊情况的应急计划以及相应的设施和人员；

（5）具备国务院民用航空主管部门规定的其他条件。

国际机场还应当具备国际通航条件，设立海关和其他口岸检查机关。

第二节　民用机场的运行管理

民用机场的运行管理是指民用机场在取得机场使用许可证之后的运行期间，对机场及其各子系统进行的管理。主要包括净空的保护、机场飞行程序、机场运行最低标准的设定、机场道面管理、机场设施管理、安全保卫、机场环境保护及规范服务等方面的管理。

一、民用机场净空保护

民用机场净空受到《民航法》的法律保护，禁止在民用机场范围内和机场净空保护区域从事下列活动：

（1）修建可能在空中排放大量烟、尘、火焰、废气而影响飞行安全的建筑物或设施；

（2）修建靶场、强烈爆炸物仓库等影响飞行安全的建筑物或者设施；

（3）修建不符合机场净空要求的建筑物或者设施；

（4）设置影响机场目视助航设施使用的灯光、标志或者物体；

（5）种植影响飞行安全或者影响机场助航设施使用的植物；

（6）饲养、放飞影响飞行安全的鸟类动物和其他物体；

（7）修建影响机场电磁环境的建筑物或者设施；

（8）禁止在依法划定的民用机场范围内放养牲畜。

在依法规定的民用机场范围内和机场净空保护区域内修建、种植或者设置可能影响飞行安全的建筑物、构筑物、树木、灯光和其他障碍物体，在公告发布前，应当在规定的期限内清除；对由此造成的损失，应当给予补偿或者依法采取其他补救措施。若是在公告发布后，则由机场所在地县级以上地方人民政府责令清除；由此造成的损失，由修建、种植或者设置该障碍物体的人承担。

在民用机场及其净空保护区域以外，对可能影响飞行安全的高大建筑物或者设施，应按规定设置飞行障碍灯和标志，并使其保持正常状态。

二、民用机场飞行程序和运行最低标准

飞行程序设计和运行最低标准拟定应当遵守国际民航组织（ICAO）《空中航行服务程序-航空器运行》（Doc 8168）、其他相关技术标准以及民航局的有关规定。因地形条件、空域使用等原因，确需偏离上述标准的，应当进行安全评估并获得民航局的特别批准。

为了保障民用航空器的飞行运行安全，规范民用机场飞行程序和运行最低标准的管理工作，根据《中华人民共和国民用航空法》《中华人民共和国飞行基本规则》和《民用机场管理条例》，制定《民用机场飞行程序和运行最低标准管理规定》，即 CCAR-97 部。最新的 CCAR-97 部的版本为 CCAR-97FS-R3，生效时间为 2017 年 1 月 1 日，适用于中华人民共和国境内民用机场（含军民合用机场的民用部分）飞行程序设计和运行最低标准拟定、批准、使用、维护，以及与飞行程序和运行最低标准相关的航行服务研究活动。

根据 CCAR-97 部，民航局负责全国民用机场飞行程序和运行最低标准的监督管理，制定相关政策和技术标准，对飞行程序设计人员和单位实施管理。地区管理局负责本辖区内民用机场飞行程序和运行最低标准的批准和管理，组织机场试飞，监督检查实施情况，具体负责飞行程序设计人员和单位的日常监管。机场管理机构负责机场飞行程序设计和运行最低标准拟定、修改、优化、维护及报批工作。

飞行程序设计和运行最低标准的拟定应当遵循以下原则：

（1）保证航空器在拟定的飞行航线和高度上具有规定的超障余度，可以安全飞越或避开障碍物；

（2）满足航空器性能要求，便于飞行驾驶员操作，有利于提高航空器运行的安全、正常和效率；

（3）符合空域使用要求，便于提供空中交通服务，减少飞行冲突的可能性，有利于提高机场容量和使用效率；

（4）有利于环境保护，降低噪音影响，减少燃油消耗；

（5）与城市建设规划相协调；

（6）有助于航行新技术应用的推进。

飞行程序设计和运行最低标准拟定应当考虑下列因素：

（1）地形和障碍物特征及净空处理方案；

（2）机场设施、设备保障条件；

（3）航空器类别、性能和机载设备；

（4）起飞一发失效应急程序的需要；

（5）驾驶员的操作；

（6）空域状况；

（7）与相关航路、航线的衔接；

（8）空中交通服务方式；

（9）航空气象特点；

（10）环境影响、机场发展和城市规划。

（一）民用机场飞行程序

根据 CCAR-97 部，飞行程序是指为航空器在机场区域运行所规定的、按顺序进行的一系列机动飞行的要求，如飞行区域、航迹、高度、速度的规定和限制等。飞行程序一般包括起飞离场程序、进场程序、进近程序、复飞程序和等待程序等，分为仪表飞行程序和目视飞行程序两类。仪表飞行程序包括传统导航飞行程序和基于性能导航（PBN）飞行程序。

飞行程序设计和运行最低标准拟定可由机场管理机构自行完成，也可委托飞行程序设计单位完成。

运输机场应当建立仪表飞行程序，根据需要建立目视飞行程序。通用机场可以建立仪表或者目视飞行程序。

（二）民用机场运行最低标准

根据 CCAR-97 部，机场运行最低标准，是指机场可用于起飞和进近着陆的运行限制，包括能见度（VIS）、跑道视程（RVR）、最低下降高度/高（MDA/H）、决断高度/高（DA/H）、云底高等。

能见度（VIS）：当在明亮的背景下观测时，能够看到和辨认出位于近地面的一定范围内的黑色目标物的额最大距离；在无光的背景下观测时，能够看到和辨认出光强为 1 000 坎德拉（cd）灯光的最大距离。在可同时获得 VIS 和 RVR 值时，以 RVR 为准。VIS 允许使用的最小数值为 800 米。

跑道视程（RVR）：在跑道中心线上，航空器上的驾驶员能够看到跑道面上的标志或跑道边灯或中线灯的距离。

最低下降高度/高（MDA/H）：在非精密进近或盘旋进近中规定的高度或高，如果不能建立为继续进近所需的目视参考，不得下降至这个高度或高以下。

决断高度/高（DA/H）：在精密进近和类精密进近中规定的一个高度或高，在这个高度或高上，如果不能建立为继续进近所需的目视参考，必须开始复飞。

云底高，又称云幕高，在运行中一般是指云量为多云或满天云的最低云层的云底距机场标高的垂直距离。

起飞最低标准通常只用 RVR/VIS 表示。基本起飞标准为：一、二发飞机，RVR/VIS 为 1 600 米（其中一发飞机的云底高不低于 100 米）；三、四发飞机，RVR/VIS 为 800 米。

着陆最低标准，对于精密进近和类精密进近，用 DA/H 和 RVR/VIS 表示；对于非精密进近和盘旋进近，用 MDA/H 和 RVR/VIS 表示。

三、机场其他运行管理

对于机场其他方面的运行管理，主要内容有：

（1）道面管理：跑道平整性、摩擦系数、跑道上标志等；

（2）设施管理：通信、导航、灯光、雷达、气象设施、电话、电传、无线电设备等；

（3）安全保卫：安全控制区、防护设施、围栏、安检、机场通行证、警卫制度等；

（4）环境保护：排泄物、噪声污染等；

（5）规范服务：指示标牌、旅客乘机流程图、问询处、航班动态显示、广播设备、补票窗口、行李寄存处、旅客须知、保险须知、班车须知、收费标准、投诉电话、意见箱、贵宾室、头等舱休息室、公用电话、足够的行李车和搬运工、登机桥或摆渡车、贵重物品库、危险品库、冷库、包装工具和材料等。

本章介绍了民用机场的定义、分类和有关法规依据和管理部门，之后分别介绍了民用机场的建设管理和运行管理，涉及民用机场的规划建设、使用许可证、净空保护、飞行程序和运行最低标准等。

第九章　中国民航空中航行和运行规则

根据系统工程"人、机与环境"的观点，在之前"航空人员"章节介绍了"人"的管理规定，在之前"航空器"章节介绍了"机"的管理规定，在满足"人、机"规定要求的前提下，空中航行和航空运行的环境制约同等重要。这种运行环境可以分为硬件资源环境和软件资源环境两大类，如空域、机场属于前者，法律、规章则属于后者。

我国民用航空空中航行的有关法规依据主要有：

（1）《中华人民共和国民用航空法》；

（2）《中华人民共和国飞行基本规则》（2007年，国务院、中央军委令第509号）；

（3）《外国民用航空器飞行管理规则》（1979，国务院批准，民航总局发布）；

（4）《通用航空飞行管制条例》（2003年，国务院、中央军委令第371号）；

（5）《无人驾驶航空器飞行管理暂行条例》（2023年，国令第761号）；

（6）《民用航空使用空域办法》（CCAR-71）；

（7）《民用航空空中交通管理规则》（CCAR-93TM-R5和R6）；

（8）《民用航空通信导航监视工作规则》（CCAR-115TM-R2）；

（9）《中国民用航空气象工作规则》（CCAR-117-R2）；

（10）《民用航空情报工作规则》（CCAR-175TM-R2）。

我国民用航空航空器运营人的航空运行有关法规依据主要有：

（1）《一般运行和飞行规则》（CCAR-91-R4）；

（2）《大型飞机公共航空运输承运人运行合格审定规则》（CCAR-121-R7）；

（3）《外国公共航空运输承运人运行合格审定规则》（CCAR-129-R1）；

（4）《小型商业运输和空中游览运营人运行合格审定规则》（CCAR-135-R3）；

（5）《特殊商业和私用大型航空器运营人运行合格审定规则》（CCAR-136）。

第一节　中国民航空中航行规则

一、《中华人民共和国民用航空法》

《中华人民共和国民用航空法》（简称《民航法》）是我国民航领域内的最高法，在我国国内的三级法规框架中居于核心地位，可称之为"母法"。

《民航法》由第八届全国人民代表大会常务委员会第十六次会议1995年10月30日经审议通过，自1996年3月1日实施。当前版本于2021年4月29日第十三届全国人民代表大会常务委员会第二十八次会议修改。

《民航法》是为了维护国家的领空主权和民用航空权利，保障民用航空活动安全和有秩序地进行，保护民用航空活动当事人各方的合法权益，促进民用航空事业的发展而制定的法律。

《民航法》在很大程度上融合并确认了我国现行所缔结的来自三大系列的国际公约，还对民用航空器国籍、民用航空器权利、民用航空器适航管理、航空人员、民用机场、空中航行、公共航空运输企业、公共航空运输、通用航空、搜寻援救和事故调查、对地面第三人损害的赔偿责任、对外国民用航空器的特别规定、涉外关系的法律适用、法律责任等民航涉及的各方面问题都做出了规定。

《民航法》中有关航空人员管理的相关规定，见第七章"航空人员及技术管理"第一节"航空人员概述"相关内容。

（一）飞行管理的相关规定

在中华人民共和国境内飞行的航空器，必须遵守统一的飞行规则。飞行规则由国务院、中央军事委员会制定。

从事飞行的民用航空器，应当携带下列文件：

（1）民用航空器国籍登记证书；

（2）民用航空器适航证书；

（3）机组人员相应的执照；

（4）民用航空器航行记录簿；

（5）装有无线电设备的民用航空器，其无线电台执照；

（6）载有旅客的民用航空器，其所载旅客姓名及其出发地点和目的地点的清单；

（7）载有货物的民用航空器，其所载货物的舱单和明细的申报单；

（8）根据飞行任务应当携带的其他文件。

民用航空器未按规定携带上述所列文件的，民航局或者其授权的地区民用航空管理机构可以禁止该民用航空器起飞。

在一个划定的管制空域内，由一个空中交通管制单位负责该空域内的航空器的空中交通管制。民用航空器在管制空域内进行飞行活动，应当取得空中交通管制单位的许可。

民用航空器应当按照空中交通管制单位指定的航路和飞行高度飞行；因故确需偏离指定的航路或者改变飞行高度飞行的，应当取得空中交通管制单位的许可。

进行目视飞行的民用航空器，应当遵守目视飞行规则，并与其他航空器、地面障碍物体保持安全距离。进行仪表飞行的民用航空器，应当遵守仪表飞行规则。

民用航空器除按照国家规定经特别批准外，不得飞入禁区；除遵守规定的限制条件外，不得飞入限制区。

民用航空器不得飞越城市上空；但是，有下列情形之一的除外：

（1）起飞、降落或者指定的航路所必需的；

（2）飞行高度足以使该航空器在发生紧急情况时离开城市上空，而不致危及地面上的人员、财产安全的；

（3）按照国家规定的程序获得批准的。

飞行中，民用航空器不得投掷物品。但是，有下列情形之一的除外：

（1）飞行安全所必需的；

（2）执行救助任务或者符合社会公共利益的其他飞行任务所必需的。

民用航空器未经批准不得飞出中华人民共和国领空。对未经批准正在飞离中华人民共和国领空的民用航空器，有关部门有权根据具体情况采取必要措施，予以制止。

（二）飞行保障的相关规定

空中交通管制单位应当为飞行中的民用航空器提供空中交通服务，包括空中交通管制服务、飞行情报服务和告警服务。

（1）提供空中交通管制服务，旨在防止民用航空器同航空器、民用航空器同障碍物体相撞，维持并加速空中交通的有秩序的活动；

（2）提供飞行情报服务，旨在提供有助于安全和有效地实施飞行的情报和建议；

（3）提供告警服务，旨在当民用航空器需要搜寻援救时，通知有关部门，并根据要求协助该有关部门进行搜寻援救。

空中交通管制单位发现民用航空器偏离指定航路、迷失航向时，应当迅速采取一切必要措施，使其回归航路。航路上应当设置必要的导航、通信、气象和地面监视设备。航路上影响飞行安全的自然障碍物体，应当在航图上标明；航路上影响飞行安全的人工障碍物体，应当设置飞行障碍灯和标志，并使其保持正常状态。

在距离航路边界三十公里以内的地带，禁止修建靶场和其他可能影响飞行安全的设施；但是，平射轻武器靶场除外。在距离航路边界三十公里以外修建固定的或者临时性对空发射场，应当按照国家规定获得批准；对空发射场的发射方向，不得与航路交叉。

任何可能影响飞行安全的活动，应当依法获得批准，并采取确保飞行安全的必要措施，方可进行。

民航局应当依法对民用航空无线电台和分配给民用航空系统使用的专用频率实施管理。任何单位或者个人使用的无线电台和其他仪器、装置，不得妨碍民用航空无线电专用频率的正常使用。对民用航空无线电专用频率造成有害干扰的，有关单位或者个人应当迅速排除干扰；未排除干扰前，应当停止使用该无线电台或者其他仪器、装置。邮电通信企业应当为民用航空电信传递优先提供服务。

国家气象机构应当为民用航空气象机构提供必要的气象资料。

（三）法律责任

《民航法》首先规定追究刑事责任的行为如下：

（1）以暴力、胁迫或者其他方法劫持航空器的，依照关于惩治劫持航空器犯罪分子的决定追究刑事责任；

（2）对飞行中的民用航空器上的人员使用暴力，危及飞行安全，尚未造成严重后果的；

（3）隐匿携带炸药、雷管或者其他危险品乘坐民用航空器，或者以非危险品品名托运危险品，隐匿携带枪支子弹、管制刀具乘坐民用航空器的；

（4）故意在使用中的民用航空器上放置危险品或者唆使他人放置危险品，足以毁坏该民用航空器，危及飞行安全；

（5）故意传递虚假情报，扰乱正常飞行秩序，使公私财产遭受重大损失的；

（6）盗窃或者故意损毁、移动使用中的航行设施，危及飞行安全，足以使民用航空器发生坠落、毁坏危险；

（7）聚众扰乱民用机场秩序的；

（8）航空人员玩忽职守，或者违反规章制度，导致发生重大飞行事故。

此外，在适航管理方面，《民航法》对适航证书失效或超过适航证书规定范围飞行的或民用航空器无适航证书而飞行，或者租用的外国民用航空器未经民航局对其原国籍登记国发给的适航证书审查认可或者另发适航证书而飞行的，由民航局责令停止飞行，没收违法所得，可以并处违法所得一倍以上五倍以下的罚款；没有违法所得的，处以十万元以上一百万元以下的罚款。

在航空人员管理上，未取得航空人员执照、体格检查合格证书而从事相应的民用航空活动的，由民航局责令停止民用航空活动，在民航局规定的限期内不得申领有关执照和证书，对其所在单位处以二十万元以下的罚款。

有下列违法情形之一的，由民航局对民用航空器的机长给予警告或者吊扣执照一个月至六个月的处罚，情节较重的，可以给予吊销执照的处罚：

（1）机长违反《航空法》第45条第一款的规定，未对民用航空器实施检查而起飞的；

（2）民用航空器违反《航空法》第75条的规定，未按照空中交通管制单位指定的航路和飞行高度飞行，或者违反本法第79条的规定飞越城市上空的。

民用航空器未经空中交通管制单位许可进行飞行活动的，由民航局责令停止飞行，对该民用航空器所有人或者承租人处以一万元以上十万元以下的罚款；对该民用航空器的机长给予警告或者吊扣执照一个月至六个月的处罚，情节较重的，可以给予吊销执照的处罚。

民用航空器的机长或者机组其他人员有下列行为之一的，由民航局给予警告或者吊扣执照一个月至六个月的处罚；有下列第（2）项或者第（3）项所列行为的，可以给予吊销执照的处罚：

（1）在执行飞行任务时，不按照《航空法》第41条的规定携带执照和体格检查合格证书的；

（2）民用航空器遇险时，违反《航空法》第48条的规定离开民用航空器的；

（3）违反《航空法》第77条第二款的规定执行飞行任务的。

民用航空器在飞行中投掷物品的，由民航局给予警告，可以对直接责任人员处以二千元以上二万元以下的罚款。

二、《中华人民共和国飞行基本规则》

随着我国航空事业的不断发展，空域使用状况逐渐矛盾凸显，满足不同空域用户即空防安全、公共运输和社会公众三方迫切的需求下，确保航行的安全、正常日益复杂。我国境内的航空单位包括航空运输公司、飞行俱乐部、飞行部队、飞行院校等。航空管理部门包括中国民用航空局、国家体育局、航空工业集团公司，中国人民解放军海军、空军、总参谋部陆航局等，那么，这些航空主管部门如何来统一境内飞行规则？

《中华人民共和国民用航空法》第 70~72 条规定：国家对空域实行统一管理，空域管理的具体办法，由国务院、中央军委制定。第 76 条规定：在中华人民共和国境内飞行的航空器，必须遵守统一的飞行规则，这里"统一"的飞行规则由国务院、中央军委制定。这个统一的飞行规则就是《中华人民共和国飞行基本规则》。

《中华人民共和国飞行基本规则》（简称《飞行基本规则》）在历史上曾修订颁发过多个版本，新中国成立之初就由毛泽东主席签发颁布了第一个《中华人民共和国飞行基本规则》，1977 年版本的《飞行基本规则》适用了很长的一段历史时期。在此基础上，2000 年 7 月 24 日国务院、中央军委公布现行《飞行基本规则》，2001 年 7 月 27 日国务院、中央军委完成第一次修订；2007 年 10 月 18 日国务院、中央军委完成第二次修订。

由此可见，《飞行基本规则》虽然在法律效力上低于《民航法》，但其地位比较特殊，要高于一般的行政法规，因其由国务院、中央军委联合颁发。

《飞行基本规则》颁发目的是：维护国家领空主权，规范境内飞行活动，保障飞行活动安全有秩序地进行。约束范围是我国境内的所有飞行。

此外，我们将《飞行基本规则》俗称为"国家空中航行法"，足见其不同寻常的法律地位，可从下面三个方面体现：

（1）是我国境内组织实施飞行、维护飞行秩序和保证飞行安全的基本依据；

（2）凡辖有航空器的单位、个人和与飞行有关的人员及其飞行活动，必须遵守本规则；

（3）各航空管理部门制定与飞行有关的规范，应当符合本规则的规定。

《飞行基本规则》基本内容主要有：法律地位、空域管理、飞行管制、机场区域内飞行、航路航线飞行、飞行间隔、飞行指挥、飞行中特殊情况的处置、通导雷达气象和航行情报保障以及对外国航空器的特别规定等。

（一）空域管理的相关规定

空域管理应当维护国家安全，兼顾民用、军用航空的需要和公众利益，统一规划，合理、充分、有效地利用空域。空域的划设应当考虑国家安全和飞行需要、飞行管制能力和通信、导航、雷达设施建设以及机场分布、环境保护等因素。空域的划设、调整，应当按照国家有关规定履行审批、备案手续。

空域通常划分为机场飞行空域、航路、航线、空中禁区、空中限制区和空中危险区等。空域管理和飞行任务需要的，可以划设空中走廊、空中放油区和临时飞行空域。

对于机场飞行空域而言，机场飞行空域应当划设在航路和空中走廊以外。仪表（云中）飞行空域的边界距离航路、空中走廊以及其他空域的边界，均不得小于 10 公里。机场飞行空域通常包括驾驶术（特技、编队、仪表）飞行空域、科研试飞飞行空域、射击飞行空域、低空飞行空域、超低空飞行空域、海上飞行空域、夜间飞行空域和等待空域等。

对于等待空域、航路航线（包括空中走廊）和特殊空域的划设和要求，参见《民用航空空中交通管理规则》（CCAR-93 部）相关规定。

（二）飞行管制的相关规定

飞行管制的概念较为抽象，由于历史和政策的原因，在很大程度上，它决定了我国民航的体制。

根据《飞行基本规则》，中华人民共和国境内的飞行管制，由中国人民解放军空军统一组织实施，各有关飞行管制部门按照各自的职责分工提供空中交通管制服务。

飞行管制的目的是：维护领空主权，保证飞行安全，维持空中秩序。

飞行管制的基本任务（内容）包括：

（1）监督航空器严格按照批准的计划飞行，维护飞行秩序；

（2）禁止未经批准的航空器擅自飞行；

（3）禁止未经批准的航空器飞入空中禁区或者出入国（边）境；

（4）防止航空器与航空器、航空器与地面障碍物相撞；

（5）防止地面对空兵器（对空装置）误射航空器。

在中华人民共和国境内，飞行管制区域按照责任划分为：飞行管制区、飞行管制分区、机场飞行管制区。航路、航线地带和民用机场区域设置高空管制区、中低空管制区、终端（进近）管制区、机场塔台管制区。在中华人民共和国境内、毗连区、专属经济区及其毗连的公海的上空划分若干飞行情报区。

所有飞行必须预先提出申请，经批准后方可实施。获准飞出或者飞入中华人民共和国领空的航空器，实施飞出或者飞入中华人民共和国领空的飞行和各飞行管制区间的飞行，必须经中国人民解放军空军批准；飞行管制区内飞行管制分区间的飞行，经负责该管制区飞行管制的部门批准；飞行管制分区内的飞行，经负责该分区飞行管制的部门批准。民用航空的班期飞行，按照规定的航路、航线和班期时刻表进行；民用航空的不定期运输飞行，由国务院民用航空主管部门批准，报中国人民解放军空军备案；涉及其他航空管理部门的，还应当报其他航空管理部门备案。组织与实施通用航空飞行活动，必须按照有关规定履行报批手续，并向当地飞行管制部门提出飞行申请。飞行申请的内容包括：任务性质、航空器型别、飞行范围、起止时间、飞行高度和飞行条件等。各航空单位应当按照批准的飞行计划组织实施。

空中交通管制员、飞行指挥员（含飞行管制员）应当按照国家有关规定，经过专门培训、考核，取得执照、证书后，方可上岗工作。

国务院、中央军委是我国飞行管制的最高权力机构，负责制定和审批有关飞行管制的法律文件，对我国飞行管制的重大改革最终决策。需要指出的是，20 世纪 90 年代成立的国务院、中央军事委员会空中交通管制委员会（简称国家空管委），逐渐接管并开始行使我国飞行管制方面的最高权力，2021 年又改组为中央空中交通管理委员会（简称中央空管委）。

（三）航路和航线飞行的相关规定

《飞行基本规则》中对机场区域内的飞行和航路、航线飞行两部分做出了详细的规定，因为在机场区域内的飞行相关规定，如机场区域的范围、滑行或牵引的规定、起落航线的相关规定等内容在《空中交通管制》相关课程中有详细介绍和具体要求，此处只补遗《飞行基本规则》中对航路、航线飞行的主要规定。

1. 一般规定

航空器使用航路和航线，应当经负责该航路和航线的飞行管制部门同意。

航路和固定航线地带应当设置必要的监视和导航设备。沿航路和固定航线应当有备降机场。备降机场应当有必备的设备和良好的通信、导航、气象保障。军用机场作为民用航空器的固定备降机场或者民用机场作为军用航空器的固定备降机场，应当按照国家有关规定经过批准。

穿越航路和航线的飞行，应当明确穿越的地段、高度和时间，穿越时还应当保证与航路和航线飞行的航空器有规定的飞行间隔。

2. 飞行任务书

飞行任务书是许可飞行人员进行转场飞行和民用航空飞行的基本文件。飞行任务书由驻机场航空单位或者航空公司的负责人签发。在飞行任务书中，应当明确飞行任务、起飞时间、航线、高度、允许机长飞行的最低气象条件以及其他有关事项。

航路、航线飞行或者转场飞行前，驻机场航空单位或者航空公司的负责人应当亲自或者指定专人对飞行人员的飞行准备情况进行检查。飞行准备质量符合要求时，方可执行飞行任务。

飞行人员在飞行中必须遵守有关的飞行规则和飞行任务书中的各项规定，服从飞行指挥，准确实施领航，保持规定的航行诸元，注意观察空中情况，按照规定及时报告航空器位置、飞行情况和天气情况，特别是危险天气现象及其发展情况。

3. 航路、航线飞行或者转场飞行的航空器的起飞

航路、航线飞行或者转场飞行的航空器的起飞，应当根据飞行人员和航空器的准备情况、起飞机场、降落机场和备降机场的准备情况以及天气情况等确定；有下列情况之一的，不得起飞：

（1）空勤组成员不齐，或者由于技术、健康等原因不适于飞行的；

（2）飞行人员尚未完成飞行准备、飞行准备质量不符合要求、驻机场航空单位或者航空公司的负责人未批准飞行的；

（3）飞行人员未携带飞行任务书、飞行气象文件及其他必备飞行文件的；

（4）飞行人员未校对本次飞行所需的航行、通信、导航资料和仪表进近图或者穿云图的；

（5）航空器或者航空器上的设备有故障可能影响飞行安全，或者民用航空器设备低于最低设备清单规定，或者军用航空器经机长确认可能影响本次飞行安全的；

（6）航空器表面的冰、霜、雪未除净的；

（7）航空器上的装载和乘载不符合规定的；

（8）航空器未按规定携带备用燃料的；

（9）天气情况低于机长飞行的最低气象条件，以及天气情况危及本次飞行安全的。

4. 目视飞行避让规则

在目视飞行时，航空器应当按照下列规定避让：

（1）在同一高度上对头相遇，应当各自向右避让，并保持 500 米以上的间隔；

（2）在同一高度上交叉相遇，飞行员从座舱左侧看到另一架航空器时应当下降高度，从座舱右侧看到另一架航空器时应当上升高度；

（3）在同一高度上超越前航空器，应当从前航空器右侧超越，并保持 500 米以上的间隔；

（4）单机应当主动避让编队或者拖曳飞机，有动力装置的航空器应当主动避让无动力装置的航空器，战斗机应当主动避让运输机。

5. 穿越航路和航线的飞行应当明确的内容

在与航路、固定航线交叉或者靠近的临时航线飞行时，飞行人员应当加强对空中的观察，防止与航路飞行的航空器相撞。当临时航线与航路、固定航线交叉时，水平能见度大于 8 公里的，应当按照规定的飞行高度通过；在云中飞行或者水平能见度小于 8 公里的，应当按照空中交通管制员或者飞行指挥员的指示通过。在靠近航路的航线上飞行时，应当与航路的边界保持规定的安全间隔。

未配备复杂气象飞行设备的航空器，机长应当按照规定的飞行最低气象条件，在安全高度以上进行目视飞行，防止飞入云中。

当天气情况不低于机长飞行的最低气象条件时，机长方可在 300 米以下进行目视飞行，飞行时航空器距离云层底部不得小于 50 米。

航空器沿航路和固定航线飞行通过中途机场 100 至 50 公里前，除有协议的外，飞行人员应当向该机场的空中交通管制员或者飞行指挥员报告预计通过的时间和高度。中途机场的空中交通管制员或者飞行指挥员必须指挥在本机场区域内飞行的航空器避让过往航空器，保证其安全通过；无特殊原因，不得改变过往航空器的航线和高度。

航空器在临时航线飞行通过中途机场时，应当按照规定的航线和高度通过，或者按照该机场空中交通管制员或者飞行指挥员的指示通过。

此外，航路、航线飞行或者转场飞行的航空器不得起飞的情况，以及飞行人员与地面联络中断后应当采取的措施，有关飞行间隔的内容，飞行中特殊情况的处置等规定，参见《民用航空空中交通管理规则》相关规定。

（四）法律责任

飞行人员未按本规则规定履行职责的，由有关部门依法给予行政处分或者纪律处分；情节严重的，依法给予吊扣执照一个月至六个月的处罚，或者责令停飞一个月至三个月；构成犯罪的，依法追究刑事责任。

空中交通管制员、飞行指挥员未按本规则规定履行职责的，由有关部门视情节给予批评教育、警告、记过、降职或者取消资格，免除职务的处分；构成犯罪的，依法追究刑事责任。

飞行保障部门及其人员未按本规则规定履行职责的，由有关航空管理部门视情节给予通报批评；对直接负责的主管人员或者其他责任人员依法给予行政处分或者纪律处分；构成犯罪的，依法追究刑事责任。

三、《通用航空飞行管制条例》

通用航空，是指除军事、警务、海关缉私飞行和公共航空运输飞行以外的航空活动，包括从事工业、农业、林业、渔业、矿业、建筑业的作业飞行和医疗卫生、抢险救灾、气象探测、海洋监测、科学实验、遥感测绘、教育训练、文化体育、旅游观光等方面的飞行活动。通用航空涉及国民经济的很多领域，包括企业和个人的公务飞行、教学飞行、体育航空、空中观光、工农业生产、城市治安、医疗救援、环境保护等。

《国务院关于通用航空管理的暂行规定》于1986年1月8日由国务院发布。该规定首次将"专业航空"更名为"通用航空"，明确了通用航空的行业管理机构、从事通用航空活动需履行的报批手续，从事通用航空经营活动的审批管理程序、要求等。该规定虽然在2022年5月1日起废止，但在《民航法》出台之前，它为通用航空的行业管理提供了法规依据。

《通用航空经营许可管理规定》（原民航局令第176号，现CCAR-135TR-R3）规范了行业管理部门的通用航空经营许可行为，规定了设立通用航空企业的条件、经营项目、申报文件要求、审批程序、时限等。该项行政许可由民航地区管理局负责实施。2020年8月4日，经中华人民共和国交通运输部令2020年第18号修订重新发布，自2021年1月1日起施行。

《通用航空飞行管制条例》（国务院、中央军委第371号令），2003年1月10日由国务院、中央军委发布，2003年5月1日起施行。该条例是管理大陆通用航空飞行活动的基本依据，规范了从事通用航空飞行活动的单位或个人向当地飞行管制部门提出飞行计划申请的程序、时限要求；明确了在大陆范围内进行的一些特殊飞行活动，所需履行的报批手续和文件要求；并对升放和系留气球做出了具体要求。

（一）一般规定

从事通用航空飞行活动的单位、个人，必须按照《中华人民共和国民用航空法》的规定取得从事通用航空活动的资格，并遵守国家有关法律、行政法规的规定。

飞行管制部门按照职责分工，负责对通用航空飞行活动实施管理，提供空中交通管制服务。相关飞行保障单位应当积极协调配合，做好有关服务保障工作，为通用航空飞行活动创造便利条件。

（二）飞行空域的划设与使用

从事通用航空飞行活动的单位、个人使用机场飞行空域、航路、航线，应当按照国家有关规定向飞行管制部门提出申请，经批准后方可实施。

从事通用航空飞行活动的单位、个人，根据飞行活动要求，需要划设临时飞行空域的，应当向有关飞行管制部门提出划设临时飞行空域的申请。划设临时飞行空域的申请应当包括下列内容：

（1）临时飞行空域的水平范围、高度；

（2）飞入和飞出临时飞行空域的方法；

（3）使用临时飞行空域的时间；

（4）飞行活动性质；

（5）其他有关事项。

划设临时飞行空域的申请，应当在拟使用临时飞行空域7个工作日前向有关飞行管制部门提出；负责批准该临时飞行空域的飞行管制部门应当在拟使用临时飞行空域3个工作日前作出批准或者不予批准的决定，并通知申请人。

临时飞行空域的使用期限应当根据通用航空飞行的性质和需要确定，通常不得超过12个月。因飞行任务的要求，需要延长临时飞行空域使用期限的，应当报经批准该临时飞行空域的飞行管制部门同意。通用航空飞行任务完成后，从事通用航空飞行活动的单位、个人应当及时报告有关飞行管制部门，其申请划设的临时飞行空域即行撤销。已划设的临时飞行空域，从事通用航空飞行活动的其他单位、个人因飞行需要，经批准划设该临时飞行空域的飞行管制部门同意，也可以使用。

（三）飞行计划

从事通用航空飞行活动的单位、个人实施飞行前，应当向当地飞行管制部门提出飞行计划申请，按照批准权限，经批准后方可实施。飞行计划申请应当包括下列内容：

（1）飞行单位；

（2）飞行任务性质；

（3）机长（飞行员）姓名、代号（呼号）和空勤组人数；

（4）航空器型别和架数；

（5）通信联络方法和二次雷达应答机代码；

（6）起飞、降落机场和备降场；

（7）预计飞行开始、结束时间；

（8）飞行气象条件；

（9）航线、飞行高度和飞行范围；

（10）其他特殊保障需求。

飞行计划申请应当在拟飞行前1天15时前提出；飞行管制部门应当在拟飞行前1天21时前做出批准或者不予批准的决定，并通知申请人。执行紧急救护、抢险救灾、人工影响天气或者其他紧急任务的，可以提出临时飞行计划申请。临时飞行计划申请最迟应当在拟飞行1小时前提出；飞行管制部门应当在拟起飞时刻15分钟前做出批准或者不予批准的决定，并通知申请人。

在划设的临时飞行空域内实施通用航空飞行活动的，可以在申请划设临时飞行空域时一并提出15天以内的短期飞行计划申请，不再逐日申请；但是每日飞行开始前和结束后，应当及时报告飞行管制部门。

使用临时航线转场飞行的，其飞行计划申请应当在拟飞行2天前向当地飞行管制部门提出；飞行管制部门应当在拟飞行前1天18时前作出批准或者不予批准的决定，并通知申请人，同时按照规定通报有关单位。

飞行管制部门对违反飞行管制规定的航空器，可以根据情况责令改正或者停止其飞行。

（四）任务批准文件

从事通用航空飞行活动的单位、个人有下列情形之一的，必须在提出飞行计划申请时，提交有效的任务批准文件：

（1）飞出或者飞入我国领空的（公务飞行除外）；

（2）进入空中禁区或者国（边）界线至我方一侧10公里之间地带上空飞行的；

（3）在我国境内进行航空物探或者航空摄影活动的；

（4）超出领海（海岸）线飞行的；

（5）外国航空器或者外国人使用我国航空器在我国境内进行通用航空飞行活动的。

（五）飞行计划的批准

使用机场飞行空域、航路、航线进行通用航空飞行活动，其飞行计划申请由当地飞行管制部门批准或者由当地飞行管制部门报经上级飞行管制部门批准。

使用临时飞行空域、临时航线进行通用航空飞行活动，其飞行计划申请按照下列规定的权限批准：

（1）在机场区域内的，由负责该机场飞行管制的部门批准；

（2）超出机场区域在飞行管制分区内的，由负责该分区飞行管制的部门批准；

（3）超出飞行管制分区在飞行管制区内的，由负责该区域飞行管制的部门批准；

（4）超出飞行管制区的，由中国人民解放军空军批准。

（六）法律责任

从事通用航空飞行活动的单位、个人违反本条例规定，有下列情形之一的，由有关部门按照职责分工责令改正，给予警告；情节严重的，处2万元以上10万元以下罚款，并可给予责令停飞1个月至3个月，暂扣直至吊销经营许可证、飞行执照的处罚；造成重大事故或者严重后果的，依照刑法关于重大飞行事故罪或者其他罪的规定，依法追究刑事责任：

（1）未经批准擅自飞行的；

（2）未按批准的飞行计划飞行的；

（3）不及时报告或者漏报飞行动态的；

（4）未经批准飞入空中限制区、空中危险区的。

四、《民用航空空中交通管理规则》（CCAR-93部）

为了保障民用航空飞行活动安全、有序和高效地进行，依据《中华人民共和国民用航空法》《中华人民共和国飞行基本规则》《通用航空飞行管制条例》以及国家其他有关规定，制定《民用航空空中交通管理规则》，即 CCAR-93 部。最新的 CCAR-93 部的版本为 CCAR-93TM-R5 和 R6 两个版本，生效时间为 2018 年 5 月 1 日和 2023 年 1 月 1 日，适用于依法在中华人民共和国领域内以及根据中华人民共和国缔结或者参与的国际条约规定的，由中华人民共和国提供空中交通服务的民用航空空中交通活动。该规则是组织实施民用航空空中交通管理的依据。各级民用航空管理机构和从事民用航空活动的单位和个人，以及在我国飞行情报区内活动的外国航空器飞行人员，均应当遵守该规则。

民航局负责统一管理全国民用航空空中交通管理工作，地区管理局负责监督管理本辖区民用航空空中交通管理工作。

（一）空中交通管理概述

空中交通管理的目的是有效地维护和促进空中交通安全，维护空中交通秩序，保障空中交通顺畅。空中交通管理包括空中交通服务、空中交通流量管理和空域管理。

（1）空中交通服务包括空中交通管制服务、飞行情报服务和告警服务。

① 空中交通管制服务的目的是防止航空器与航空器相撞及在机动区内航空器与障碍物相撞，维护和加快空中交通的有序流动。

② 飞行情报服务的目的是向飞行中的航空器提供有助于安全和有效地实施飞行的建议和情报。

③ 告警服务的目的是向有关组织发出需要搜寻援救航空器的通知，并根据需要协助该组织或者协调该项工作的进行。

（2）空中交通管制服务包括机场管制服务、进近管制服务和区域管制服务。

① 机场管制服务是向在机场机动区内运行的航空器以及在机场附近飞行且接受进近和区域管制以外的航空器提供的空中交通管制服务。

② 进近管制服务是向进场或者离场飞行阶段接受管制的航空器提供的空中交通管制服务。

③ 区域管制服务是向接受机场和进近管制服务以外的航空器提供的空中交通管制服务。

（3）空中交通流量管理是在空中交通流量接近或者达到空中交通管制可用能力时，适时地进行调整，保证空中交通最佳地流入或者通过相应区域，提高机场、空域可用容量的利用率。

（4）空域管理是依据国家相关政策，逐步改善空域环境，优化空域结构，尽可能满足空域用户使用空域的需求。

航空器在管制区域内的空中交通活动应当接受空中交通管制单位提供的空中交通管制服务，并遵守空中交通管制员（简称管制员）的指令和许可。提供空中交通管制服务的单位及其人员，应当按照法规和规章的要求履行职责，对危及或者影响空中交通安全的行为，可以采取适当有效的措施保障航空器的安全。

在临时飞行空域内进行通用航空飞行的，由从事通用航空飞行活动的单位、个人负责组织实施，并对其安全负责。在起降点飞行的组织指挥，由从事通用航空飞行活动的单位、个人负责。

提供空中交通服务的单位应当加强与飞行管制部门和其他航空单位的协调配合，共同采取有效措施，保证空中交通安全。

组织与实施民用航空空中交通管理工作，应当保证安全第一，改善服务工作，争取飞行正常，遵循集中统一、分工负责、协调高效、优质服务的原则。

（二）空中交通管制单位

空中交通服务由空中交通管制单位（简称管制单位）提供。管制单位应当为下列航空器活动提供空中交通管制服务：

（1）高空管制区、中低空管制区、进近管制区、机场管制地带内的所有仪表飞行规则的飞行；

（2）中低空管制区、进近管制区、机场管制地带内的所有目视飞行规则的飞行；

（3）特殊目视飞行规则的飞行；

（4）机场交通。

民用航空空中交通管制工作分别由下列管制单位实施：

（1）空中交通服务报告室；

（2）机场塔台管制单位，简称塔台管制单位；

（3）进近管制单位；

（4）区域管制单位；

（5）地区空中交通运行管理单位；

（6）全国空中交通运行管理单位。

空中交通管制服务应当由下列管制单位负责提供：

（1）区域管制服务应当由区域管制单位负责提供。如果没有设立区域管制单位，区域管制服务可以由主要负责提供进近管制服务的单位提供。在区域管制单位和进近管制单位不能提供区域管制服务时，区域管制服务可以由塔台管制单位提供。

（2）进近管制服务应当由进近管制单位负责提供。如果没有设立单独的进近管制单位，进近管制服务可以由主要负责提供机场管制服务的塔台管制单位提供，或者由主要负责提供区域管制服务的区域管制单位提供。

（3）机场管制服务应当由塔台管制单位负责提供。

管制单位应当履行下列空中交通服务的职责：

（1）空中交通服务报告室负责受理和审核飞行计划的申请，向有关管制单位和飞行保障单位通报飞行计划和动态。

（2）塔台管制单位负责对本塔台管辖范围内航空器的推出、开车、滑行、起飞、着陆和与其有关的机动飞行的空中交通服务。

（3）进近管制单位负责一个或者数个机场的航空器进、离场及其空域范围内其他飞行的空中交通服务。

（4）区域管制单位负责向本管制区内受管制的航空器提供空中交通服务，负责管制并向有关单位通报飞行申请和动态。

（5）地区空中交通运行管理单位负责统一协调所辖区域内民航空中交通管制工作，监控所辖区域内民航空中交通管理系统的日常运行情况，协调处理所辖区域内特殊情况下的飞行，承担本地区搜寻援救协调中心职责。

（6）全国空中交通运行管理单位负责统一协调全国民航空中交通管制工作，监控全国民航空中交通管理系统的日常运行情况，协调处理特殊情况下的飞行，承担民航局搜寻援救协调中心职责。

（三）CCAR-93 部基本内容

CCAR-93TM-R5 的基本内容涵盖下列各方面：

（1）空中交通管制机构与运行管理；

（2）空中交通管制员执照及培训；

（3）空域管理；

（4）管制间隔的方法和最低标准；

（5）机场和进近管制服务；

（6）区域管制服务；

（7）目视飞行规则飞行的管制要求；

（8）仪表飞行规则飞行的管制要求；

（9）雷达管制；

（10）复杂气象条件和特殊情况下的空中交通管制；

（11）飞行情报服务和告警服务；

（12）管制协调；

（13）空中交通管制事故、差错的管理；

（14）空中交通运行保障设施；

（15）空中交通管制容量和空中交通流量管理；

（16）无人驾驶自由气球和无人驾驶航空器。

五、《民用航空情报工作规则》(CCAR–175 部)

为规范民用航空情报工作，保障空中航行的安全、正常和效率，依据《中华人民共和国民用航空法》和《中华人民共和国飞行基本规则》，制定《民用航空情报工作规则》，即 CCAR-175 部。最新的 CCAR-175 部的版本为 CCAR-175TM-R2，生效时间为 2016 年 4 月 17 日，适用于中华人民共和国领域内的民用航空情报工作。提供民用航空情报服务以及其他与民用航空情报工作有关的单位和个人应当遵守本规则。

民航局负责统一管理全国民用航空情报工作，地区管理局负责监督管理本地区民用航空情报工作。中华人民共和国领域内以及根据我国缔结或者参加的国际条约规定，由中华人民共和国提供空中交通服务的飞行情报区的民用航空情报服务由民航局空管局负责组织实施。民用航空活动应当接受和使用统一有效的民用航空情报。

（一）民用航空情报服务概述

民用航空情报服务的任务是收集、整理、编辑民用航空资料，设计、制作、发布有关中华人民共和国领域内以及根据我国缔结或者参加的国际条约规定区域内的航空情报服务产品，提供及时、准确、完整的民用航空活动所需的航空情报。

民用航空情报工作的基本内容包括：

（1）收集、整理、审核民用航空情报原始资料和数据；

（2）编辑出版一体化航空情报资料和各种航图等；

（3）制定、审核机场使用细则；

（4）接收处理、审核发布航行通告；

（5）提供飞行前和飞行后航空情报服务以及空中交通管理工作所必需的航空资料与服务；

（6）负责航空地图、航空资料及数据产品的提供工作；

（7）组织实施航空情报人员的技术业务培训。

民用航空情报服务机构应当建立航空情报质量管理制度，并对运行情况实施持续监控和定期评审。航空情报质量管理制度应当包括航空情报工作各阶段实施质量管理所需的资源、程序和方法等，确保航空情报符合准确性、分辨率、完整性、及时性、完好性、可追溯性和格式的要求。

依法发布的一体化民用航空情报系列资料是实施空中航行的基本依据。一体化民用航空情报系列资料由下列内容组成：

（1）航空资料汇编、航空资料汇编修订、航空资料汇编补充资料；

（2）航行通告及飞行前资料公告；

（3）航空资料通报；

（4）有效的航行通告校核单和明语摘要。

（二）民用航空情报服务机构与职责

民用航空情报服务机构包括：

（1）全国民用航空情报中心；

（2）地区民用航空情报中心；

（3）机场民用航空情报单位。

民用航空情报服务机构由民航局设立或者批准设立。民用航空情报服务工作由民用航空情报服务机构实施，民用航空情报服务机构应当在指定的职责范围内提供民用航空情报服务。

全国民用航空情报中心应当履行下列职责：

（1）协调全国民用航空情报的运行工作；

（2）负责与联检单位、民航局有关部门、民航局空管局有关部门等原始资料提供单位建立联系，收集航空情报原始资料；

（3）审核、整理、发布《中国民航国内航空资料汇编》《中华人民共和国航空资料汇编》、航空资料汇编补充资料、航空资料通报、《军用备降机场手册》，负责航图的编辑出版和修订工作；

（4）提供有关航空资料和信息的咨询服务；

（5）负责我国航空情报服务产品的发行；

（6）负责国内、国际航行通告、航空资料和航空数据的交换工作，审核指导全国民航航行通告的发布；

（7）负责航行通告预定分发制度的建立与实施；

（8）承担全国航空情报自动化系统的运行监控；

（9）向各地区民用航空情报中心提供航空情报业务运行、人员培训等技术支持。

地区民用航空情报中心应当履行下列职责：

（1）协调本地区民用航空情报的运行工作；

（2）收集、初步审核、上报本地区各有关业务部门提供的航空情报原始资料；

（3）接收、处理、发布航行通告，指导检查本地区航行通告的发布工作；

（4）组织实施本地区航空资料和数据的管理；

（5）负责本地区航空情报自动化系统的运行监控；

（6）向本地区机场航空情报单位提供航空情报业务运行、人员培训等技术支持。地区民用航空情报中心可同时承担所在机场民用航空情报单位的职责。

机场民用航空情报单位应当履行下列职责：

（1）收集、初步审核、上报本机场及与本机场有关业务单位提供的航空情报原始资料；

（2）接收、处理、发布航行通告；

（3）组织实施本机场飞行前和飞行后航空情报服务；

（4）负责本单位及本机场空中交通管理部门所需的航空资料、航空地图的管理和供应工作。

全国民用航空情报中心、地区民用航空情报中心、国际机场民用航空情报单位应当提供24小时航空情报服务；其他航空情报服务机构应当在其负责区域内航空器飞行的整个期间及前后各 90 分钟的时间内提供航空情报服务。民用航空情报服务机构应当安排航空情报员在规定的服务时间内值勤。航空情报服务机构应当制定相应的应急预案，并应当每年组织应急演练。航空情报服务机构应当建立工作差错追究制度。

（三）CCAR-175 部基本内容

CCAR-175TM-R2 的基本内容涵盖下列各方面：

（1）民用航空情报服务一般规定；

（2）民用航空情报服务机构与职责；

（3）航空情报人员资质与培训；

（4）航空情报原始资料的提供和收集；

（5）航空情报服务产品（含中华人民共和国航空资料汇编、中国民航国内航空资料汇编、航图、航空资料汇编补充资料、航空资料汇编修订、航空资料通报）；

（6）航行通告；

（7）飞行前和飞行后航空情报服务；

（8）航空情报自动化系统管理。

第二节　中国民航航空运行规则

近些年来，我国的民用航空活动发展很快，但由于历史原因，我国民用航空运营人的运行管理规章仍然不够完整和系统，在运行管理的严密性和运行标准上与国际民航组织的要求仍存在较大差距。按照中国民用航空局确定的制定民用航空器运行规章体系的规划，航空器运行规章主要由《一般运行和飞行规则》（CCAR-91 部）、《小型商业运输和空中游览运营人运行合格审定规则》（CCAR-135 部）和《大型飞机公共航空运输承运人运行合格审定规则》（CCAR-121 部）组成。其中 CCAR-91 部是基础规章，适用于所有在我国空域内运行的民用航空器，而 CCAR-121 部和 CCAR-135 部是在 CCAR-91 部的基础上，为大型飞机公共航空运输承运人、小型商业运输和空中游览运营人提出的更高的运行标准。其中 CCAR-135 部适用于旋翼机、单发航空器和起飞全重较小或者载运能力较低的多发航空器的运输飞行，而 CCAR-121 部则适用于除此之外的起飞全重较大或者载运能力较强的多发飞机的运输飞行。

颁发运行合格证和运行规范的目的是提高各类航空运营人的安全运行水平。CCAR-121 部和 CCAR-91 部分别规定了大型飞机公共航空运输承运人和商业非运输运营人颁发运行合格证和运行规范的要求。CCAR-135 部管理的对象是介于上述两类运营人之间的运营人，即小型商业运输和空中游览运营人。这三部规章是按照不同航空运营人使用的民用航空器类型和运行类别划分的，与持有的经营许可证的类别，即公共航空运输企业或者通用航空企业经营许可证，没有对应关系。所以不存在用公共航空运输企业安全标准去要求通用航空运行活动的问题。

一、《一般运行和飞行规则》（CCAR–91 部）

为了规范民用航空器的运行，保证飞行的正常与安全，中国民用航空局依据《中华人民共和国民用航空法》制定了《一般运行与飞行规则》，即 CCAR-91 部。最新的 CCAR-91 部的版本为 CCAR-91-R4，生效时间为 2022 年 7 月 1 日。

CCAR-91 部适用于在中华人民共和国境内实施运行的所有民用航空器（不包括系留气球、风筝、无人火箭、无人自由气球和民用无人驾驶航空器）的飞行和运行规定。对于公共航空运输运行，除应当遵守本规则适用的飞行和运行规定外，还应当遵守公共航空运输运行规章中的规定。

CCAR-91 部自 2004 年 6 月 1 日施行以来，填补了中国民用航空"基础运行规章"的空白，对完善民航局航空器运行管理规章体系发挥了重要作用，也为日益普及的航空作业和通用航空的管理提供了管理依据。同时，在中华人民共和国国籍登记的民用航空器在中华人民共和国境外实施运行时，应当遵守 CCAR-91 部相应章节的规定。另外，乘坐按 CCAR-91 部运行的民用航空器的人员，也应当遵守 CCAR-91 部相应条款的规定。

由于航空器运行管理随着航空业的发展而需要动态更新，因此需要根据实践中反馈的问题不断修订完善；另外，随着民用航空管理法规体系的逐步完善和国际民航组织的标准和建议措施的修订，也需要对规章不断进行修订，以达到规章的要求协调一致和履行国际民航组织缔约国的责任。

CCAR-91-R4 的基本内容涵盖以下航空运行各方面要求：

（1）民用航空器飞行手册、标记和标牌要求，禁止妨碍和干扰机组成员，麻醉药品、大麻、抑制或者兴奋药剂或者物质的载运要求，便携式电子设备要求；

（2）飞行机组要求；

（3）航空器及仪表和设备要求；

（4）飞行规则相关要求；

（5）特殊的飞行运行要求；

（6）运输类飞机和涡轮动力多发飞机运行附加要求；

（7）航空器维修要求；

（8）外国民用航空器在中国境内运行和中华人民共和国国籍登记的民用航空器在境外运行要求；

（9）超轻型飞行器运行要求；

（10）跳伞要求。

二、《大型飞机公共航空运输承运人运行合格审定规则》（CCAR-121 部）

为了对大型飞机公共航空运输承运人进行运行合格审定和持续监督检查，保证其达到并保持规定的运行安全水平，根据《中华人民共和国民用航空法》和《国务院对确需保留的行政审批项目设定行政许可的决定》，制定《大型飞机公共航空运输承运人运行合格审定规则》，即 CCAR-121 部。最新的 CCAR-121 部的版本为 CCAR-91-R8，生效时间为 2024 年 4 月 13 日。

CCAR-121 部适用于在中华人民共和国境内依法设立的航空运营人（即大型飞机公共航空运输承运人）实施的下列公共航空运输运行：

（1）使用最大起飞重量超过 5 700 千克的多发涡轮驱动飞机实施的定期载客运输飞行；

（2）使用旅客座位数超过 30 座或者最大商载超过 3 400 千克的多发涡轮驱动飞机实施的不定期载客运输飞行；

（3）使用最大商载超过 3 400 千克的多发涡轮驱动飞机实施的全货物运输飞行。

对于应当按照本规则审定合格的大型飞机公共航空运输承运人，民航局和地区管理局按照审定情况在其运行合格证及其运行规范中批准其实施下列一项或者多项运行种类的运行：

（1）国内定期载客运行，是指符合上述公共航空运输运行第（1）项规定，在中华人民共和国境内两点之间的运行，或者一个国内地点与另一个由局方专门指定、视为国内地点的国外地点之间的运行；

（2）国际定期载客运行，是指符合上述公共航空运输运行第（1）项规定，在一个国内地点和一个国外地点之间，两个国外地点之间，或者一个国内地点与另一个由局方专门指定、视为国外地点的国内地点之间的运行；

（3）补充运行，是指符合上述公共航空运输运行第（2）项、第（3）项规定的运行。

民航局对大型飞机公共航空运输承运人的合格审定和运行实施统一监督管理。中国民航局飞行标准职能部门依据本规则组织指导大型飞机公共航空运输承运人的运行合格审定和持续监督检查工作，制定必要的工作程序，规定运行合格证、运行规范及其申请书的统一格式。地区管理局负责对其所辖地区内设立的大型飞机公共航空运输承运人实施运行合格审定，颁发运行合格证及其运行规范，并及时向中国民航局飞行标准职能部门备案。大型飞机公共航空运输承运人取得运行合格证及其运行规范后，即成为本规则规定的运行合格证持有人。地区管理局及其派出机构负责对其所辖地区内设立的和（或者）在其所辖地区内运行的合格证持有人实施持续监督检查。

原则上讲，国内任何一家航空公司如果要进行公共航空运输飞行，必须要取得《航空公司运行合格证》（Airlines Operation Certificate，AOC）。而要取得 AOC 则必须要向民航局申请，并由民航局依据 CCAR-121 部进行评估审定。近年来，取得运行合格证的航空公司按照 CCAR-121 部实施运行，较好地保证了运行安全，为我国经济建设和社会大众提供了安全的航空运输服务。CCAR-121 部的发布和实施，提高了我国民用航空运输飞行的整体安全水平，推动了我国民航与国际民航的接轨与交流。

大型飞机公共航空运输承运人应当遵守其他有关的中国民用航空规章，但在 CCAR-121 部对相应要求进行了增补或者提出了更高标准的情况下，应当按照 CCAR-121 部的要求执行。大型飞机公共航空运输承运人在运行中所使用的人员和大型飞机公共航空运输承运人所载运的人员也应当遵守 CCAR-121 部中的适用要求。大型飞机公共航空运输承运人在中国境外运行时，应当遵守《国际民用航空公约》的《附件 2：空中规则》和所适用的外国法规。在 CCAR-61 部、CCAR-91 部和 CCAR-121 部的规定严于上述附件和外国法规的规定并且不与其发生抵触时，还应当遵守 CCAR-61 部、CCAR-91 部和 CCAR-121 部的规定。

CCAR-91-R8 的基本内容涵盖以下大型飞机公共航空运输承运人航空运行各方面要求：

（1）手册的要求；

（2）飞机的要求；

（3）飞机性能使用限制；

（4）特殊适航要求；

（5）仪表和设备要求；

（6）飞机维修要求；

（7）机组成员和其他航空人员的要求；

（8）训练大纲；

（9）机组成员的合格要求；

（10）机组成员值勤期限制、飞行时间限制和休息要求；

（11）飞行签派员的合格要求和值勤时间限制；

（12）基于胜任力的培训和评估方案；

（13）需要经特殊批准的运行；

（14）飞行运行要求；

（15）签派和飞行放行；

（16）记录和报告；

（17）延程运行（EDTO）与极地运行要求；

（18）应急医疗设备和训练要求。

三、《小型商业运输和空中游览运营人运行合格审定规则》（CCAR-135 部）

为了对小型商业运输和空中游览运营人进行运行合格审定和持续监督管理，根据《中华人民共和国民用航空法》《中华人民共和国行政许可法》《国务院对确需保留的行政审批项目设定行政许可的决定》等法律、行政法规，制定《小型商业运输和空中游览运营人运行合格审定规则》，即 CCAR-135 部。最新的 CCAR-135 部的版本为 CCAR-135-R3，生效时间为 2022 年 7 月 1 日。

CCAR-135 部适用于在中华人民共和国境内依法登记的运营人（即从事本规则规定商业飞行活动的运营人）所实施的以取酬为目的的下列航空器（无人驾驶航空器除外）的商业飞行活动：

（1）使用下列小型航空器实施的定期、不定期载客或者载货飞行，以及长途空中游览飞行：

① 正常类、实用类、特技类和通勤类飞机。

② 正常类直升机。

（2）使用下列运输类飞机实施的载货或者不定期载客飞行：

① 旅客座位数（不包括机组座位）30 座及以下。

② 最大商载 3 400 千克。

（3）使用运输类直升机实施的定期、不定期载客或者载货飞行。

（4）下列短途空中游览飞行：

① 除自由气球外，航空器的起飞和着陆满足下列条件之一的空中游览飞行：

（i）在同一起降点完成，并且航空器在飞行时距起降点的直线距离不超过 40 千米。

（ii）在两个直线距离不超过 40 千米的起降点间实施。

② 使用自由气球在运营人的运行规范中经批准的飞行区域内实施，并且每次飞行的起飞和着陆地点应当包含在该区域之内的空中游览飞行。

民航局负责小型商业运输和空中游览运营人运行合格审定的统一监督管理，组织指导小型商业运输和空中游览运营人的运行合格审定和持续监督检查工作，制定工作程序，统一规定运行合格证、运行规范及其申请书的格式。地区管理局负责辖区内小型商业运输和空中游览运营人的运行合格审定和持续监督检查工作，颁发运行合格证和运行规范，并及时向民航局备案。

CCAR-135-R3 的基本内容涵盖以下小型商业运输和空中游览运营人航空运行各方面要求：

（1）小型航空器运行要求（含航空器及仪表和设备要求、飞行机组成员要求、飞行运行要求、航空器性能使用限制、维修要求、记录和报告要求等）；

（2）运输类飞机商业载客或者载货飞行要求（含飞机及仪表和设备要求、机组成员要求、飞行运行要求、航空器性能使用限制、维修要求、记录和报告要求等）；

（3）运输类直升机商业载客或者载货飞行要求（含直升机及仪表和设备要求、飞行机组成员要求、飞行运行要求、航空器性能使用限制、维修要求、记录和报告要求等）。

本章介绍了中国民航空中航行规则，分别介绍了《中华人民共和国民用航空法》《中华人民共和国飞行基本规则》《通用航空飞行管制条例》《民用航空空中交通管理规则》《民用航空情报工作规则》等有关空中航行的规定；之后简要介绍了《一般运行和飞行规则》《大型飞机公共航空运输承运人运行合格审定规则》《小型商业运输和空中游览运营人运行合格审定规则》等航空器运营人有关的航空运行规则，涉及航空运行的管理部门、适用对象和主要内容。

第十章 搜寻援救与事件调查

前面章节分别介绍了航行"人、机与环境"各要素涉及的相关法律法规，可以说，一名合格持有相应等级执照的民用航空器的驾驶员，驾驶一架适航的航空器，在遵照相关空中航行、航空运行和飞行规则的前提下，就能保证飞行的安全与正常。但航行过程中，还可能会出现一些特殊的情况，因此我们还有必要了解关于搜寻援救、事故调查及安全管理的相关法律规定。

飞行中特殊情况主要有发动机失效、设备故障、失火、迷航、失去通信联络、劫持和恐怖袭击等，特情的步步恶化将可能导致灾难性的事故。如何把握特情性质并采取快捷的、合理的措施？如何协调、配合开展搜救以防止类似事故再次发生？这些是每一个飞行人员和飞行保障人员必须掌握的技能之一。

我国民用航空有关搜寻援救的法规依据主要有：

（1）《中华人民共和国民用航空法》；

（2）《中华人民共和国搜寻援救民用航空器规定》（1992年，民航局令第29号）；

（3）《中华人民共和国飞行基本规则》（2007年，国务院、中央军委令第509号）；

（4）《民用航空空中交通管理规则》（CCAR-93TM-R5和R6）。

我国民用航空有关事件调查和安全管理的法规依据主要有：

（1）《中华人民共和国安全生产法》；

（2）《中华人民共和国民用航空法》；

（3）《生产安全事故报告和调查处理条例》（2007年，国务院令第493号）；

（4）《民用航空器事件调查规定》（CCAR-395-R3）；

（5）《民用航空安全信息管理规定》（CCAR-396-R4）；

（6）《中国民用航空应急管理规定》（CCAR-397）；

（7）《民用航空安全管理规定》（CCAR-398）；

（8）《民用航空器飞行事故应急反应和家属援助规定》（CCAR-399）。

第一节 搜寻援救

搜寻援救的国际标准主要来自《附件12：搜寻与援救》以及我国颁发的《中华人民共和国搜寻援救民用航空器的规定》（民航局第29号令）。《中华人民共和国搜寻援救民用航空器的规定》的制定是为了及时有效地搜寻援救遇到紧急情况的民用航空器，避免或者减少人员伤亡和财产损失，适用于中华人民共和国领域内以及中华人民共和国缔结或者参加的国际条约规定由中国承担搜寻援救工作的公海区域内搜寻援救民用航空器的活动。

一、搜寻援救民用航空器的单位分工

中华人民共和国领域以及中华人民共和国缔结或者参加的国际条约规定，由中国承担搜寻援救工作的公海区域为中华人民共和国民用航空搜寻援救区，该区域内划分若干地区民用航空搜寻援救区。

依据《中华人民共和国搜寻援救民用航空器规定》，搜寻援救民用航空器按照下列规定分工负责：

（1）中国民用航空局（简称民航局）负责统一指导全国范围的搜寻援救民用航空器的工作。

（2）省、自治区、直辖市人民政府负责本行政区域内陆地搜寻援救民用航空器的工作，民用航空地区管理局（简称地区管理局）予以协助。

（3）国家海上搜寻援救组织负责海上搜寻援救民用航空器工作，有关部门予以配合。

（4）民航局搜寻援救协调中心和地区管理局搜寻援救协调中心承担陆上搜寻援救民用航空器的协调工作。

（5）使用航空器执行搜寻援救任务，以民用航空力量为主，民用航空搜寻援救力量不足的，由军队派出航空器给予支援。

为执行搜寻援救民用航空器的紧急任务，有关地方、部门、单位和人员必须积极行动，互相配合，努力完成任务；对执行搜寻援救任务成绩突出的单位和个人，由其上级机关给予奖励。

我国按空域划分为 7 个搜救区，分别对应相应的民航飞行情报区，包括华北搜救区（北京飞行情报区）、东北搜救区（沈阳飞行情报区）、华东搜救区（上海飞行情报区）、中南搜救区（武汉飞行情报区、广州飞行情报区、三亚飞行情报区）、西南搜救区（昆明飞行情报区）、西北搜救区（兰州飞行情报区）、新疆搜救区（乌鲁木齐飞行情报区）。

二、搜寻援救民用航空器的通信联络

关于搜寻援救工作，国际民航公约附件 12 制定了国际标准和建议措施。规定飞行中遇到严重威胁航空器和航空器上人员生命安全的情况时，机长应当立即发出规定的遇险信号：报用"SOS"，话用"MAYDAY"。同时打开识别器的遇险信号开关。装有应答机的航空器，应将其位置设定为"A7700"。情况许可时，还应当用搜寻援救频率 121.5 MHZ 或 243 MHZ 报告航空器的位置、遇险性质和所需要的援救。海上飞行时，可以用 500 KHZ 或 2 182 KHZ。

（一）搜寻援救的通信

搜寻援救民用航空器的通信联络应当符合下列规定：

（1）民用航空空中交通管制单位和担任搜寻援救的航空器应当配备 121.5 MHZ 航空紧急频率的通信设备，并逐步配备 243 MHZ 航空紧急频率的通信设备；

（2）担任海上搜寻援救的航空器应当配备 2 182 KHZ 海上遇险频率的通信设备；

（3）担任搜寻援救任务的部分航空器应当配备能够向遇险航空器所发出的航空器紧急示位的信标归航设备，以及在156.8 MHZ（调频）上同搜寻援救船舶联络的通信设备。

（二）搜寻援救的信号

1. 航空器与船舶之间使用的信号

航空器依次做下列动作，表示希望引导一艘船舶去援救遇险的航空器或者船舶：环绕船舶飞行至少一周；在低空紧靠船舶前方横穿其航向，并且摇摆机翼，或者按照最大、最小推拉油门手柄，螺旋桨飞机还可以推拉螺旋桨变距杆，以便进一步引起该船舶注意；向引导该船舶驶往的航向飞行。重复上述动作，意义相同。

航空器做下列动作，表示取消已经发出的引导船舶执行援救任务的信号：在低空紧靠船舶尾部横穿其尾流，并且摇摆机翼；或者按照最大、最小推拉油门手柄；螺旋桨飞机还可以推拉螺旋桨变距杆，以便进一步引起该船舶注意。

船舶可以用下列方法，确认收到航空器发出的信号：悬挂信号旗（红白竖条）并升到顶（表示明白）；用信号灯发出一系列莫尔斯电码"T"的闪光；改变航向跟随该航空器。若悬挂国际信号旗"N"（交错的蓝白方格）；或者用信号灯发出一系列莫尔斯电码"N"的闪光，则船舶表示不能执行收到的航空器发出的信号。

2. 遇险待救人员、搜寻援救工作组与航空器之间使用的信号

遇险待救人员使用的地对空信号如表10-1所示。搜寻援救工作组使用的地对空信号如表10-2所示。

表10-1　遇险待救人员使用的地对空信号

序号	意义	信号
1	需要援助	V
2	需要医药援助	×
3	不是	N N
4	是	Y
5	向此方向前进	→

表10-2　搜寻援救工作组使用的地对空信号

序号	意义	信号
1	工作已经完成	└ └ └
2	我们已经找到全部人员	└ └
3	我们只找到几个人员	+ +
4	我们不能继续工作，正在返回	× ×
5	已经分成两组，各组按箭头方向前进	⇄
6	收到消息说航空器在此方向	→ →
7	无所发现，将继续搜寻	N N

上述两表中信号的长度应当在 2.5 米以上，同时使其与背景有一定的色反差，尽可能达到醒目。信号可以使用任何材料制作，诸如布条、降落伞材料、木片、石块之类，也可以用染料涂抹或者适宜的地方（如雪地）加以践踏等。还可以在信号附近使用火光、烟幕、反光体等，以便于引起航空器机组的注意。

3. 航空器使用的空对地信号

航空器表示明白地面信号：昼间摇摆机翼；夜间开关着陆灯两次，如果无着陆灯设备，则开关航行灯两次。航空器没有上句描述的动作和信号，则表示未观察到或者不明白地面信号。

三、紧急情况的阶段划分和处置

（一）紧急情况的阶段划分

依据搜寻援救相关法规，民用航空器的紧急情况分为以下情况不明、告警和遇险三个阶段：

1. 情况不明阶段

情况不明阶段（INCERFA）系指航空器及其机上人员的安全出现令人疑虑的情况，根据下列情况确定航空器是否处于情况不明阶段：

（1）过预计飞越某一位置报告点时间 30 分钟，没有收到任何报告或者从第一次与航空器联络起，30 分钟内没有再取得联络，两者中取其中较早者；

（2）航空器最后报告的或者管制单位计算的预计到达目的地时间 30 分钟内仍未到达，两者中取其中较晚者；但对航空器及其机上人员的安全没有怀疑时除外。

2. 告警阶段

告警阶段（ALERFA）系指航空器及其机上人员的安全出现令人担忧的情况。根据下列情况确定航空器是否处于告警阶段：

（1）航空器发出紧急情号；

（2）对情况不明的航空器经过通信搜寻服务 30 分钟后仍无消息；

（3）航空器已取得着陆许可，超过预计着陆时间 5 分钟内尚未着陆，又无通信联络；

（4）航空器有通信联络，但飞行能力受到损害尚未导致迫降；

（5）已知或相信航空器受到了非法干扰。

3. 遇险阶段

遇险阶段（DETRESFA）系指有理由相信航空器及其机上人员遇到紧急和严重危险，需要立即援救的情况。根据下列情况确定航空器是否处于遇险阶段：

（1）航空器发出遇险信号；

（2）告警阶段之后，进一步进行扩大通信搜寻服务 1 小时后，仍无航空器的消息；

（3）航空器燃油已耗尽而又没有着陆的消息；

（4）机长报告，决定选择场地迫降或者航空器有迫降的可能时。

（二）紧急情况的处置措施

在紧急情况，地区管理局搜寻援救协调中心应当采取如下处置措施。

1. 对情况不明阶段的民用航空器

（1）根据具体情况，确定搜寻的区域；

（2）通知开放有关的航空电台、导航台、定向台和雷达等设施，搜寻掌握该民用航空器的空中位置；

（3）尽速同该民用航空器沟通联络，进行有针对性的处置。

2. 对告警阶段的民用航空器

（1）立即向有关单位发出告警通知；

（2）要求担任搜寻援救任务的航空器、船舶立即进入待命执行任务状态；

（3）督促检查各种电子设施，对情况不明的民用航空器继续进行联络和搜寻；

（4）根据该民用航空器飞行能力受损情况和机长的意见，组织引导其在就近机场降落；

（5）会同接受降落的机场，迅速查明预计降落时间后五分钟内还没有降落的民用航空器的情况并进行处理。

3. 对遇险阶段的民用航空器

（1）立即向有关单位发出民用航空器遇险的通知；

（2）对燃油已尽，位置仍然不明的民用航空器，分析其可能遇险的区域，并通知搜寻援救单位派人或者派航空器、船舶，立即进行搜寻援救；

（3）对飞行能力受到严重损害、达到迫降程度的民用航空器，通知搜寻援救单位派航空器进行护航，或者根据预定迫降地点，派人或者派航空器、船舶前往援救；

（4）对已经迫降或者失事的民用航空器，其位置在陆地的，立即报告省、自治区、直辖市人民政府；其位置在海上的，立即通报沿海有关省、自治区、直辖市的海上搜寻援救组织。

四、搜寻援救的实施

（一）紧急情况的通知

发现或者收听到民用航空器遇到紧急情况的单位或者个人，应当立即通知有关地区管理局搜寻援救协调中心；发现失事的民用航空器，其位置在陆地的，并应当同时通知当地政府；其位置在海上的，并应当同时通知当地海上搜寻援救组织。

（二）通知之后的处置

地区管理局搜寻援救协调中心收到民用航空器紧急情况的信息后，必须立即做出判断，分别按照紧急情况的情况不明、告警和遇险的不同阶段采取搜寻援救措施，并及时向民航局搜寻援救协调中心以及有关单位报告或者通报。

（三）搜寻援救现场处置

省、自治区、直辖市人民政府或者沿海省、自治区、直辖市海上搜寻援救组织收到关于民用航空器迫降或者失事的报告或者通报后，应当立即组织有关方面和当地驻军进行搜寻援救，并指派现场负责人。

现场处置的主要职责是：

（1）组织抢救幸存人员；

（2）对民用航空器采取措施防火、灭火；

（3）保护好民用航空器失事现场；为抢救人员或者灭火必须变动现场时，应当进行拍照或者录像；

（4）保护好失事的民用航空器及机上人员的财物。

指派的现场负责人未到达现场的，由第一个到达现场的援救单位的有关人员担任现场临时负责人，行使现场处置的职责，并负责向到达后的现场负责人移交工作。

（四）其他实施相关规定

对处于紧急情况下的民用航空器，地区管理局搜寻援救协调中心应当设法将已经采取的援救措施通报该民用航空器机组。

执行搜寻援救任务的航空器与船舶、遇险待救人员、搜寻援救工作组之间，应当使用无线电进行联络。条件不具备或者无线电联络失效的，应当依照本规定附录规定的国际通用的"搜寻援救的信号"进行联络。

民用航空器的紧急情况已经不存在或者可以结束搜寻援救工作的，地区管理局搜寻援救协调中心应当按照规定程序及时向有关单位发出解除紧急情况的通知。

第二节　事件调查

为了规范民用航空器事件调查，根据《中华人民共和国安全生产法》《中华人民共和国民用航空法》和《生产安全事故报告和调查处理条例》等法律、行政法规，制定《民用航空器事件调查规定》，即 CCAR-395 部。最新的 CCAR-395 部的版本为 CCAR-395-R3，生效时间为 2020 年 4 月 1 日，适用于民航局、地区管理局负责组织的，在我国境内发生的民用航空器事件的技术调查，包括委托事发民航生产经营单位开展的调查，是我国境内民用航空器事件调查的主要依据。

随着我国民航事业的快速发展和民用航空活动国际化的要求，CCAR-395 部分条款，特别是涉及参与事件调查的有关国家权力及义务方面的条款已不适应今后的事件调查工作，需要与《国际民用航空公约》的《附件 13：航空器事故和事故征候调查》（2001 年 11 月生效的第九版）接轨进行修订。

一、相关定义

根据《民用航空器事件调查规定》（CCAR-395-R3），民用航空器事件包括民用航空器事故、民用航空器征候以及民用航空器一般事件。

民用航空器事故，是指对于有人驾驶的航空器而言，从任何人登上航空器准备飞行直至所有这类人员下了航空器为止的时间内，或者对于获得民航局设计或者运行批准的无人驾驶航空器而言，从航空器为飞行目的准备移动直至飞行结束停止移动且主要推进系统停车的时间内，或者其他在机场活动区内发生的与民用航空器有关的下列事件：

（1）人员死亡或者重伤。但是，由于自然、自身或者他人原因造成的人员伤亡，以及由于偷乘航空器藏匿在供旅客和机组使用区域外造成的人员伤亡除外。

（2）航空器损毁无法修复或者严重损坏。

（3）航空器失踪或者处于无法接近的地方。

民用航空器征候，是指在民用航空器运行阶段或者在机场活动区内发生的与航空器有关的，未构成事故但影响或者可能影响安全的事件。

民用航空器一般事件，是指在民用航空器运行阶段或者在机场活动区内发生的与航空器有关的航空器损伤、人员受伤或者其他影响安全的情况，但其严重程度未构成征候的事件。

事故等级分为特别重大事故、重大事故、较大事故和一般事故，具体划分按照有关规定执行。征候分类及等级的具体划分按照民航局有关规定执行。

根据《生产安全事故报告和调查处理条例》（国务院令第493号），生产安全事故造成的人员伤亡或者直接经济损失，事故一般分为以下等级：

（1）特别重大事故，是指造成30人以上死亡，或者100人以上重伤（包括急性工业中毒，下同），或者1亿元以上直接经济损失的事故；

（2）重大事故，是指造成10人以上30人以下死亡，或者50人以上100人以下重伤，或者5 000万元以上1亿元以下直接经济损失的事故；

（3）较大事故，是指造成3人以上10人以下死亡，或者10人以上50人以下重伤，或者1 000万元以上5 000万元以下直接经济损失的事故；

（4）一般事故，是指造成3人以下死亡，或者10人以下重伤，或者1 000万元以下直接经济损失的事故。

注："以上"包括本数，"以下"不包括本数。

二、事件调查的目的和原则

事件调查的唯一目的是预防类似事件再次发生。事件调查不是为了分摊过失或者责任，应当与以追究责任为目的的其他调查分开进行。

事件调查遵循下列基本原则：

（1）独立原则。调查应当由组织事件调查的部门独立进行，不受任何其他单位和个人的干涉。

（2）客观原则。调查应当坚持实事求是、客观公正、科学严谨，不得带有主观倾向性。

（3）深入原则。调查应当查明事件发生的各种原因，并深入分析产生这些原因的因素，包括航空器设计、制造、运行、维修、保障、人员培训，以及行业规章、企业管理制度和实施方面的缺陷等。

（4）全面原则。调查不仅应当查明和研究与本次事件发生有关的各种原因和产生因素，还应当查明和研究与本次事件发生无关，但在事件中暴露出来的或者在调查中发现可能影响安全的问题。

三、事件调查的组织

（一）一般规定

根据我国批准的国际公约有关规定，组织、参与事件调查时，按照下列规定执行：

（1）在我国境内发生的事件由我国负责组织调查。在我国境内发生事故、严重征候时，组织事件调查的部门应当允许航空器登记国、运营人所在国、设计国、制造国各派出一名授权代表和若干名顾问参加调查。

有关国家无意派遣授权代表的，组织事件调查的部门可以允许航空器运营人、设计、制造单位的专家或者其推荐的专家参与调查。

（2）我国为航空器登记国、运营人所在国、设计国或者制造国的民用航空器，在境外某一国家或者地区发生事故、严重征候时，民航局或者地区管理局可以指派一名授权代表和若干名顾问参加由他国或者地区组织的调查工作。

（3）我国为航空器登记国的民用航空器，在境外发生事故、严重征候时，但事发地点不在某一国家或者地区境内的，由我国负责组织调查。

（4）我国为航空器运营人所在国、设计国或者制造国的民用航空器，在境外发生事故、严重征候时，但事发地点不在某一国家或者地区境内，且航空器登记国无意组织调查的，可以由我国负责组织调查。

（5）由民航局或者地区管理局组织的事故、严重征候调查，可以部分或者全部委托其他国家或者地区进行调查。

（6）根据我国要求，除航空器登记国、运营人所在国、设计国和制造国外，为调查提供资料、设备或者专家的其他国家，有权任命一名授权代表和若干名顾问参加调查。

（二）事件调查的范围分工

民航局组织的事件调查，包括：

（1）国务院授权组织调查的特别重大事故；

（2）运输航空重大事故、较大事故；

（3）民航局认为有必要组织调查的其他事件。

地区管理局组织本辖区发生的事件调查，包括：

（1）运输航空一般事故；

（2）通用航空事故；

（3）征候；

（4）民航局授权地区管理局组织调查的事故；

（5）地区管理局认为有必要组织调查的一般事件。

未造成人员伤亡的一般事故、征候，地区管理局可以委托事发民航生产经营单位组织调查。

由民航局组织的调查，事发地地区管理局和事发相关单位所属地地区管理局应当参与。由事发地地区管理局组织的调查，事发相关单位所属地地区管理局应当给予协助，民航局可以根据需要指派调查员或者技术专家给予协助。

事发地地区管理局可以委托其他地区管理局组织调查，事发地地区管理局和事发相关单位所属地地区管理局应当给予协助。

四、事件调查的报告

事件发生后，事发相关单位应当按照《民用航空安全信息管理规定》（CCAR-396 部）的要求报告。根据 CCAR-396-R4，紧急事件按照以下规定报告：

（1）紧急事件发生后，事发相关单位应当立即通过电话向事发地监管局报告事件信息；监管局在收到报告事件信息后，应当立即报告所属地区管理局；地区管理局在收到事件信息后，应当立即报告民航局民用航空安全信息主管部门。

（2）紧急事件发生后，事发相关单位应当在事件发生后 12 小时内（事件发生在我国境内）或者 24 小时内（事件发生在我国境外），按规范如实填报民用航空安全信息报告表，主报事发地监管局，抄报事发地地区管理局、所属地监管局及地区管理局。

（3）当空管单位为事发相关单位时，事发地/所属地监管局和地区管理局为空管单位所在地的监管局和地区管理局。

事故、严重征候报告应当包括以下内容：

（1）事发时间、地点和民用航空器运营人；

（2）民用航空器类别、型别、国籍和登记标志；

（3）机长姓名，机组、旅客和机上其他人员人数及国籍；

（4）任务性质，最后一个起飞点和预计着陆点；

（5）简要经过；

（6）机上和地面伤亡人数，航空器损伤情况；

（7）事发时的地形、地貌、天气、环境等物理特征；

（8）事发时采取的应急处置措施；

（9）危险品的载运情况及对危险品的说明；

（10）报告单位的联系人及联系方式；

（11）与事故、严重征候有关的其他情况。

上述报告内容暂不齐全的，事发相关单位应当继续收集和补充，不得因此延误初步报告时间。一旦获得新的信息，应当随时补充报告。

当事发地所在国或者地区不了解航空器登记国或者运营人所在国为我国的民用航空器在该国或者地区发生严重征候时，民航局应当将该情况通知有关设计国、制造国和事发地所在国。

五、调查组和调查报告

（一）调查组的组成

调查组组成应当符合下列规定：

（1）组织事件调查的部门应当任命一名调查组组长，调查组组长负责管理调查工作，并有权对调查组组成和调查工作作出决定。

（2）调查组组长根据调查工作需要，可以成立若干专业小组，分别负责飞行运行、航空器适航和维修、空中交通管理、航空气象、航空安保、机场保障、飞行记录器分析、失效分析、航空器配载、航空医学、生存因素、人为因素、安全管理等方面的调查工作。调查组组长指定专业小组组长，负责管理本小组的调查工作。

（3）调查组由调查员和临时聘请的专家组成，参加调查的人员在调查工作期间应当服从调查组组长的管理，其调查工作只对调查组组长负责。调查组成员在调查期间，应当脱离其日常工作，将全部精力投入调查工作，并不得带有本部门利益。

（4）与事件有直接利害关系的人员不得参加调查工作。

（二）调查组的职责

调查组应当履行下列职责：

（1）查明事实情况；

（2）分析事件原因；

（3）作出事件结论；

（4）提出安全建议；

（5）完成调查报告。

（三）调查报告

调查报告应当包括下列内容：

（1）调查中查明的事实；

（2）原因分析及主要依据；

（3）结论；

（4）安全建议；

（5）必要的附件；

（6）调查中尚未解决的问题。

专业小组应当向调查组组长提交专业小组调查报告，调查组组长应当组织审议专业小组的调查报告。调查组组长负责组织编写调查报告草案。草案完成后，由调查组组长提交给组织事件调查的部门审议。对于涉外的事故和严重征候调查，组织事件调查的部门应当就调查报告草案向航空器登记国、运营人所在国、设计国、制造国和参与调查的国家征询意见。

民航局、地区管理局的航空安全委员会或者其授权的部门负责审议调查报告草案，并形成最终调查报告。审议发现问题的，应当进行补充调查或者重新调查。接受安全建议后，相关单位应当根据建议制定相应措施。民航局、地区管理局应当及时跟踪安全建议落实情况和实施效果。

调查报告经国务院或者民航局、地区管理局批准后，调查工作即告结束。

组织调查的部门应当在事故发生后 30 日内按规定向国际民航组织和有关国家送交初步

调查报告。组织调查的部门应当按规定向国际民航组织和有关国家送交事故和严重征候最终调查报告。

调查工作结束后，发现新的重要证据，可能推翻原结论或者需要对原结论进行重大修改的，组织事件调查的部门应当重新进行调查。组织事件调查的部门应当在调查结束后对调查工作进行总结，并对调查的文件、资料、证据等清理归档，档案保存时限按照民航局档案保存有关规定执行。

事故和严重征候的最终调查报告应当在事发 12 个月内依法及时向社会公布，依法不予公开的除外。未能在事发 12 个月内公布最终调查报告的事故或者严重征候，组织事件调查的部门应当在事件周年日向社会公布调查进展情况。

第三节　安全管理

安全管理是组织为达到预期水平的安全指标而采取的系统地管理组织运行风险的行为。具体来说，安全管理是管理者对安全生产运行工作进行的计划、组织、指挥、协调和控制的一系列活动和措施，以保证运行生产的安全和职工在生产过程中的安全与健康，保护国家和集体的财产不受损失。

2001 年 11 月，国际民航组织在附件 11 中建议各国在空中交通服务单位中建立安全管理体系（Safety Management System，SMS），同年 3 月 ICAO 对附件 14 有关机场合格审定的条款作了重要修改，以"建议"的形式要求申请合格审定的机场从 2003 年 11 月 27 日起要提交有关 SMS 的文件，并于 2005 年 11 月 24 日后，机场都要运行一个合适的 SMS。2006 年，ICAO 正式颁布了第一版《ICAO-SMM 安全管理手册》（DOC9859 AN/460），以此统一附件 6 的 I、III 部分、附件 11 和附件 14 第 I 卷中与安全有关的规定，还要求各国对实施的 SMS 进行审计认证。至 2008 年，ICAO 附件 1、附件 6（第 I 部分、第 III 部分）、附件 8、附件 11、附件 13 和附件 14 中都要求：各国应建立国家安全纲要（SSP），以使航空运营达到可接受的安全水平。作为 SSP 的一部分，各国应要求培训机构、航空经营者、维修组织、航空器设计/制造者、空中交通服务提供者和验证合格的机场经营者实施国家认可的 SMS。

随着 SMS 以及 SSP 等安全管理理念的引入，国际民航界提出了将各附件中有关安全管理的条款整合、完善后形成一个新的附件的要求。因此，2011 年 9 月，ICAO 成立专家组；2012 年 4 月，专家组提交附件 19 草案；2013 年 1 月，航委会审议提交给理事会的附件草案；2013 年 3 月，理事会批准附件 19，同时出版经修订的第三版《安全管理手册（SMM）》；2013 年 7 月，附件 19 生效；2013 年 11 月，附件 19 适用。

2006 年，按照 ICAO 相关标准和建议措施对安全管理的要求，并结合我国民航企事业单位实际情况，民航局开始在全国范围内推进 SMS 的建设。经过大量的研究，我国民航局于 2007 年 10 月 23 日发布了《中国民用航空安全管理体系建设总体实施方案》（民航发〔2007〕136 号），明确了 SMS 的基本要素；提出了 SMS 认可的要求；划分了局方和民航企事业单位在建立 SMS 过程中的责任，并说明各类民航企事业单位应根据局方修订的相应规章和咨询通告实施 SMS 建设。

一、《民用航空安全管理规定》（CCAR-398部）

为了实施系统、有效的民用航空安全管理，保证民用航空安全、正常运行，依据《中华人民共和国民用航空法》《中华人民共和国安全生产法》等国家有关法律、行政法规，制定《民用航空安全管理规定》，即 CCAR-398 部。CCAR-398 生效时间为 2018 年 3 月 16 日，适用于中华人民共和国领域内民用航空生产经营活动的安全管理。

民用航空安全管理应当坚持安全第一、预防为主、综合治理的工作方针。民航局对全国民用航空安全实施统一监督管理。地区管理局对辖区内的民用航空安全实施监督管理。

（一）相关定义

（1）民航生产经营单位，是指在中华人民共和国境内依法设立的民用航空器经营人、飞行训练单位、维修单位、航空产品型号设计或者制造单位、空中交通管理运行单位、民用机场（包括军民合用机场民用部分）以及地面服务保障等单位。

（2）民航航空安全方案，是指旨在提高安全的一套完整的法律、行政法规、规章和活动。

（3）安全管理体系，是指管理安全的系统做法，包括必要的组织机构、问责制、政策和程序。

（4）安全绩效，是指安全管理体系的运行效果，用一套安全绩效指标衡量。

（5）安全绩效指标，是指用于监测和评估安全绩效的以数据为基础的参数。

（6）安全绩效目标，是指安全绩效指标在一个特定时期的计划或者预期目标。

（7）行动计划，是指为了保证安全目标的实现而确定的一系列活动及其实施计划。

（8）安全数据，是指为实现安全管理目的，用于识别危险源和安全缺陷，而从不同来源收集的事实或者数值。通常采取主动或者被动方式进行收集。包括但不限于：事件调查数据、不安全事件强制报告数据、自愿报告数据、持续适航报告数据、运行绩效监测数据、安全风险评估数据、审计结果或者报告数据、安全研究或者检查数据以及安全管理的任何其他监管数据。

（9）安全信息，是指用于安全管理共享、交换或者保存的，经过处理和整理过的安全数据。

（10）可接受的安全绩效水平，是指以安全绩效目标和安全绩效指标表示的，按照中国民航航空安全方案中规定的，或者民航生产经营单位按照其安全管理体系中规定的安全绩效的最低水平。

（二）安全管理体系

民航生产经营单位应当依法建立并运行有效的安全管理体系。相关规定中未明确要求建立安全管理体系的，应当建立等效的安全管理机制。

安全管理体系应当至少包括以下四个组成部分共计十二项要素：

（1）安全政策和目标，包括：

① 安全管理承诺与责任；

② 安全问责制；

③ 任命关键的安全人员；

④ 应急预案的协调；

⑤ 安全管理体系文件。

（2）安全风险管理，包括：

① 危险源识别；

② 安全风险评估与缓解措施。

（3）安全保证，包括：

① 安全绩效监测与评估；

② 变更管理；

③ 持续改进。

（4）安全促进，包括：

① 培训与教育；

② 安全交流。

安全管理体系、等效的安全管理机制至少应当具备以下功能：

（1）查明危险源及评估相关风险；

（2）制定并实施必要的预防和纠正措施以保持可接受的安全绩效水平；

（3）持续监测与定期评估安全管理活动的适宜性和有效性。

民航生产经营单位的安全管理体系应当依法经民航行政机关审定。等效的安全管理机制应当报民航地区管理局或者其授权的机构备案。民航生产经营单位应当建立安全管理体系、等效的安全管理机制的持续完善制度，以确保其持续满足相关要求，且工作绩效满足安全管理相关要求。民航生产经营单位安全管理体系或者等效的安全管理机制的运行应当接受民航行政机关的持续监督，以确保其有效性。

（三）安全绩效管理

民航生产经营单位应当实施安全绩效管理，并接受民航行政机关的监督。

民航生产经营单位应当建立与本单位运行类型、规模和复杂程度相适应的安全绩效指标，以监测生产运行风险。民航生产经营单位应当依据民航局制定的年度行业安全目标制定本单位安全绩效目标。安全绩效目标应当等于或者优于行业安全目标。民航生产经营单位应当根据安全绩效目标制定行动计划，并报所在辖区民航地区管理局备案。民航生产经营单位应当对实际安全绩效实施持续监测，按需要调整行动计划以确保实现安全绩效目标。

民航生产经营单位应当在每年 7 月 15 日前及次年 1 月 15 日前分别将半年和全年安全绩效统计分析报告报所在辖区民航地区管理局备案。

（四）安全管理制度

民航生产经营单位应当依法建立安全生产管理机构或者配备安全生产管理人员，满足安全管理的所有岗位要求。

民航生产经营单位应当保证本单位安全生产投入的有效实施，以具备国家有关法律、行政法规和规章规定的安全生产条件。安全生产投入至少应当包括以下方面：

（1）制定完备的安全生产规章制度和操作规程；

（2）从业人员安全教育和培训；

（3）安全设施、设备、工艺符合有关安全生产法律、行政法规、标准和规章的要求；

（4）安全生产检查与评价；

（5）重大危险源、重大安全隐患的评估、整改、监控；

（6）安全生产突发事件应急预案、应急组织、应急演练，配备必要的应急器材、设备；

（7）满足法律、行政法规和规章规定的与安全生产直接相关的其他要求。

民航生产经营单位应当建立安全检查制度和程序，定期开展安全检查。民航生产经营单位应当建立安全隐患排查治理制度和程序，及时发现、消除安全隐患。民航生产经营单位应当建立内部审核、内部评估制度和程序，定期对安全管理体系或者等效的安全管理机制的实施情况进行评审。民航生产经营单位应当建立安全培训和考核制度，培训和考核的内容应当与岗位安全职责相适应。民航生产经营单位应当建立应急处置机制，制定统一管理、综合协调的安全生产突发事件应急预案。

（五）中国民航航空安全方案

民航局编制和实施中国民航航空安全方案，以使民用航空安全绩效达到可接受的水平。

中国民航航空安全方案包括四个组成部分共计十一项要素：

（1）安全政策与目标，包括：

① 安全立法框架；

② 安全责任和问责制；

③ 事故和事故征候调查；

④ 执法政策。

（2）安全风险管理，包括：

① 对民航生产经营单位安全管理体系的要求；

② 对民航生产经营单位安全绩效的认可。

（3）安全保证，包括：

① 安全监督；

② 安全数据的收集、分析和交换；

③ 基于安全数据确定重点监管领域。

（4）安全促进，包括：

① 内部培训、交流和发布信息；

② 外部培训、交流和发布信息。

民航局制定行业可接受的安全绩效水平，包括安全绩效指标及其目标值、预警值，用于衡量并监测行业安全水平。

中国民航航空安全方案应当与民用航空活动规模和复杂性相一致。民航局负责对其适用性、有效性进行定期评估。

（六）安全监督管理

民航局建立安全监管制度，保证安全监管全面、有效开展。

安全监管制度包括：

（1）基本民用航空法律和法规。参与航空立法，以使安全监管活动得到充分的法律保障，实现依法治理。

（2）具体运行规章。依法制定行业运行规章，实现民用航空生产运行标准化、规范化管理，防范安全风险。

（3）安全监管机构、人员及职能。建立与民用航空运行规模和复杂程度相适应的安全监管机构，协调有关部门配备数量足够的合格人员以及必要的财政经费，以保证安全监管职能得到有效履行、安全监管目标得以实现。

（4）监察员资质和培训。规定监察员最低资格要求，建立初始培训、复训以及培训记录制度。

（5）提供技术指导、工具及重要的安全信息。向监察员提供必要的监管工具、技术指导材料、关键安全信息，使其按规定程序有效履行安全监管职能；向行业提供执行相关规章的技术指导。

（6）颁发执照、合格审定、授权或者批准。通过制定并实施特定的程序，以确保从事民用航空活动的人员和单位只有在符合相关规章之后，方可从事执照、许可证、授权或者批准所包含的相关民用航空活动。

（7）监察。通过制定并实施持续的检查、审计和监测计划，对民用航空活动进行监察，确保航空执照、许可证、授权或者批准的持有人持续符合规章要求，其中包括对民航行政机关指定的代其履行安全监督职能的人员进行监察。

（8）解决安全问题。制定并使用规范的程序，用于采取包括强制措施在内的整改行动，以解决查明的安全问题;通过对整改情况的监测和记录,确保查明的安全问题得到及时解决。

民航局制定年度可接受的安全绩效水平，确定重点安全工作任务。民航局各职能部门制定下发行政检查大纲或者行政检查要求。民航地区管理局开展辖区民用航空运行安全监管工作。

民航局对民航生产经营单位安全管理体系或者等效的安全管理机制进行持续监督，以确保其运行的有效性。

民航行政机关依法综合运用多种监管手段强化民航生产经营单位的安全生产主体责任，加强安全隐患监督管理，预防事故发生。

二、《民用航空安全信息管理规定》(CCAR-396 部)

信息管理是安全管理的重要工作。安全信息，特别是与不安全事件相关的信息，是研究事故原因、发现安全隐患和制定安全措施的依据。因此，航空安全信息是民航开展事故预防工作的重要资源。民航局一直重视航空安全信息的收集报告工作，1995 年制定了《航空安全信息通报制度暂行规定》（民航安发〔1995〕110 号）。但是，《航空安全信息通报制度暂行规定》不是规范的行政管理规章，不适应我国依法行政的要求。为了加强和规范民航安全管理工作，及时收集和掌握航空安全信息，有效利用安全信息进行管理决策，提高民航安全水平，有必要制定《民用航空安全信息管理规定》。

为了规范民用航空安全信息收集、分析和应用，实现安全信息共享，推进安全管理体系建设，及时发现安全隐患，控制风险，预防民用航空事故，根据《中华人民共和国安全生产法》《中华人民共和国民用航空法》等国家法律、行政法规，制定《民用航空安全信息管理规定》，即 CCAR-396 部。最新的 CCAR-396 部的版本为 CCAR-396-R4，生效时间为 2016 年 4 月 4 日，适用于民航局、地区管理局、监管局（中国民用航空安全监督管理局、中国民用航空安全运行监督办公室的统称）、企事业单位（在中华人民共和国境内注册的民用航空企事业单位）及其从业人员的民用航空安全信息管理。在中华人民共和国境内实施运行的外国公共航空运输承运人（简称外国航空公司）和个人的民用航空安全信息管理也应当遵守本规定。

（一）相关定义

民用航空安全信息是指事件信息、安全监察信息和综合安全信息。

（1）事件信息，是指在民用航空器运行阶段或者机场活动区内发生航空器损伤、人员伤亡或者其他影响飞行安全的情况。主要包括：民用航空器事故（简称事故）、民用航空器征候（简称征候）以及民用航空器一般事件（简称一般事件）信息。

（2）安全监察信息，是指地区管理局和监管局各职能部门组织实施的监督检查和其他行政执法工作信息。

（3）综合安全信息，是指企事业单位安全管理和运行信息，包括企事业单位安全管理机构及其人员信息、飞行品质监控信息、安全隐患信息和飞行记录器信息等。

（二）安全信息工作原则和责任分工

民用航空安全信息工作实行统一管理、分级负责的原则。

民航局民用航空安全信息主管部门负责统一监督管理全国民用航空安全信息工作，负责组织建立用于民用航空安全信息收集、分析和发布的中国民用航空安全信息系统。

地区管理局、监管局的民用航空安全信息主管部门负责监督管理本辖区民用航空安全信息工作。

企事业单位负责管理本单位民用航空安全信息工作，制定包括自愿报告在内的民用航空安全信息管理程序，建立具备收集、分析和发布功能的民用航空安全信息机制。企事业单位的民用航空安全信息管理程序应当报所属地监管局备案。

民航局支持中国民用航空安全自愿报告系统建设，鼓励个人积极报告航空系统的安全缺陷和隐患。

民航局支持开展民用航空安全信息收集、分析和应用的技术研究，对在民用航空安全信息管理工作中做出突出贡献的单位和个人，给予表彰和奖励。

局方和企事业单位应当充分利用收集到的民用航空安全信息，评估安全状况和趋势，实现信息驱动的安全管理。民用航空安全信息量不作为评判一个单位安全状况的唯一标准。

地区管理局应当依据本规定，根据辖区实际情况，制定民用航空安全信息的管理办法，并报民航局民用航空安全信息主管部门批准。

事发相关单位和人员应当按照规定如实报告事件信息，不得隐瞒不报、谎报或者迟报。

（三）安全信息的收集

事件信息收集分为紧急事件报告和非紧急事件报告，实行分类管理。紧急事件报告样例和非紧急事件报告样例包含在事件样例中，事件样例由民航局另行制定。

1. 紧急事件的报告

（1）紧急事件发生后，事发相关单位应当立即通过电话向事发地监管局报告事件信息；监管局在收到报告事件信息后，应当立即报告所属地区管理局；地区管理局在收到事件信息后，应当立即报告民航局民用航空安全信息主管部门。

（2）紧急事件发生后，事发相关单位应当在事件发生后 12 小时内（事件发生在我国境内）或者 24 小时内（事件发生在我国境外），按规范如实填报民用航空安全信息报告表，主报事发地监管局，抄报事发地地区管理局、所属地监管局及地区管理局。

（3）当空管单位为事发相关单位时，事发地/所属地监管局和地区管理局为空管单位所在地的监管局和地区管理局。

2. 非紧急事件的报告

（1）非紧急事件发生后，事发相关单位应当在事发后 48 小时内，按规范如实填报民用航空安全信息报告表，主报事发地监管局，抄报事发地地区管理局、所属地监管局及地区管理局；

（2）非紧急时间的报告不适用于外国航空公司。

向国务院应急管理部门报告事件信息，按照国务院的有关规定执行。向国际民航组织和境外相关机构通报事件信息，按照以下规定执行：

（1）事故发生后 30 日内，民航局民用航空安全信息主管部门向登记国、运营人所在国、设计国、制造国和提供信息、重要设备或者专家的国家以及国际民航组织发送初步报告；

（2）事故和严重征候调查结束后，民航局民用航空安全信息主管部门应当尽早将事故和严重征候资料报告送交国际民航组织。

各企事业单位和个人应当妥善保护与事故、征候、一般事件以及举报事件有关的所有文本、影音、数据以及其他资料。组织事故、征候以及一般事件调查的单位负责对调查的文件、资料、证据等进行审核、整理和保存。

地区管理局和监管局各职能部门应当按照民航局的相关要求报告安全监察信息。企事业单位应当按照所属地区管理局的相关要求报告综合安全信息。

（四）自愿报告的安全信息

民航局支持第三方机构建立中国民用航空安全自愿报告系统，并委托第三方机构负责该系统的运行。

中国民用航空安全自愿报告系统运行的基本原则是自愿性、保密性和非处罚性。

任何人可以通过信件、传真、电子邮件、网上填报和电话的方式向中国民用航空安全自愿报告系统提交报告。

中国民用航空安全自愿报告系统收集的报告内容如下：

（1）涉及航空器不良的运行环境、设备设施缺陷的报告；

（2）涉及执行标准、飞行程序困难的事件报告；

（3）除事故、征候和一般事件以外其他影响航空安全的事件报告。

中国民用航空安全自愿报告系统收到的报告，按以下步骤处理：

（1）接收到报告后，确定是否符合中国民用航空安全自愿报告系统收集的报告内容，通知报告人受理情况；

（2）核查报告内容，视情联系报告人补充信息；

（3）去除报告中涉及的识别信息，编写分析报告，提出安全建议；

（4）视情向相关单位提供信息，发布告警信息、信息简报和信息通告。

（五）举报的安全信息

举报人的合法权益受法律保护。除法律、法规另有规定外，任何单位和个人不得将举报情况透露给其他单位和个人。

举报的民用航空安全信息按以下规定进行处理：

（1）地区管理局或监管局负责调查、处理涉及本辖区举报的民用航空安全信息；

（2）在收到举报的民用航空安全信息 5 日内，应当向举报人反馈受理情况；

（3）举报的民用航空安全信息经调查构成事故、征候或一般事件的，负责调查的单位应当在调查结束后 3 日内,向民航局民用航空安全信息主管部门填报民用航空安全信息报告表。

举报的民用航空安全信息调查结束后 5 日内，受理单位应当向被举报单位和举报人反馈查处结果。

三、《中国民用航空应急管理规定》(CCAR-397 部)

2003 年"非典"过后，党中央、国务院高度重视突发事件应急工作，于 2005 年发布了《国家突发公共事件总体应急预案》与一批专项预案，并于 2007 年颁布实施了《中华人民共和国突发事件应对法》(简称《突发事件应对法》)。民航局积极贯彻落实党中央、国务院有关工作要求，先后牵头制定了《国家处置民用航空器飞行事故应急预案》《国家处置劫机事件应急预案》，初步建立了应急工作管理体制，组织民航各单位共同应对或参与应对了多起突发事件。2006 年，民航局成立了《中国民用航空突发事件总体应急预案》编写小组，并于 2007 年确定同步起草《中国民用航空突发事件总体应急预案》和《中国民用航空应急管理规定》(简称《规定》)，并于 2008 年 6 月参照《突发事件应对法》《民用航空法》及其他相关法律法规，结合民航加强应急工作的实践经验，完成了《规定》(征求意见稿) 的编写工作，并下发全民航征求意见。2009 年 12 月，民航局法规部门在北京召开了法规审查会，并在会后由法规部门与编写组依据评审意见对《规定》再次进行了修改和完善。2010 年 1 月 25 日报请中国民用航空局局务会议审查通过。《规定》(CCAR-397) 自 2010 年 5 月 1 日起正式施行。最新版本的修订已于 2016 年 3 月 11 日经第 5 次交通部部务会议通过并公布，自 2016 年 4 月 17 日起施行。

《规定》由 8 个部分组成，分别为总则、管理体制与组织机构、预防与准备、预测与预警、应急处置、善后处理、法律责任和附则。《规定》对民航应急工作的职责、内容进行了定义；

提出了实行分级响应的原则；借鉴网络型组织结构的原理，规划了以民航局突发事件应急工作领导小组为领导机构，以领导小组办事机构为核心机构，以民航局各职能部门为工作机构的应急管理体制；对突发事件与民用航空的复杂关系进行了力求准确的解释；对民航应急工作各个环节的基本内容与要求做出了相应的规定。

突发事件，是指突然发生，造成或者可能造成严重社会危害，需要采取应急处置措施予以应对的自然灾害、事故灾难、公共卫生事件和社会安全事件。

民航应急工作包括以下内容：

（1）防范突发事件对民用航空活动的威胁与危害，控制、减轻和消除其对民用航空活动的危害；

（2）防止民用航空活动发生、引发突发事件，控制、减轻和消除其危害；

（3）协助和配合国家、地方人民政府及相关部门的应急处置工作。

民航建立应对突发事件分级响应制度。根据突发事件对民用航空活动的威胁与危害，民用航空活动发生、引发的突发事件性质、严重程度、可控性和影响范围，以及协助和配合国家、地方人民政府及相关部门应急处置工作的需要等因素，实行分级响应，在相应的范围内组织、指挥或协调民航相关单位采取相应的应急处置措施。

民航应对突发事件分级响应等级划分标准由民航局制定。

民航管理部门组织采取的应急处置措施，应当与突发事件危害的性质、程度和范围相适应。有多种措施可以选择时，应当选择有利于最大程度保护公民、法人和其他组织权益的措施。

本章介绍了有关搜寻援救的法规依据、单位分工、通信联络和紧急情况的阶段划分和处置，有关事件调查的法规依据、相关定义、目的和原则、组织、报告，有关安全管理的国内外法规依据，具体介绍了有关安全管理的《民用航空安全管理规定》《民用航空安全信息管理规定》《中国民用航空应急管理规定》等规章。

参考文献

[1]　刘亚军. 国际民航组织简介[R]. 中国民航飞行学院专题报告, 2000（4）.

[2]　冒桦. 国际民航组织译作[N]. 民航局国际司, 民航局第一研究所, 2003（1）.

[3]　国际民用航空组织. 国际民用航空公约（芝加哥公约）[S]. 1944（12）.

[4]　国际民用航空组织. 国际航班过境协定（两种空中自由）[S]. 1944（12）.

[5]　国际民用航空组织. 国际航空运输协定（五种空中自由）[S]. 1944（12）.

[6]　国际民用航空组织. 统一国际航空运输某些规则的公约（华沙公约）及修订文件[S]. 1929.

[7]　国际民用航空组织. 关于在航空器上犯罪及其某些行为的公约（东京公约）[S]. 1963（9）.

[8]　国际民用航空组织. 制止非法劫持航空器公约（海牙公约）[S]. 1970（12）.

[9]　国际民用航空组织. 制止危害民用航空安全的非法行为公约（蒙特利尔公约）[S]. 1971（9）.

[10]　全国人大常委会. 中华人民共和国民用航空法[S]. 1995（10）.

[11]　国务院, 中央军委. 中华人民共和国飞行基本规则[S]. 2007（11）.

[12]　中国民用航空局. 一般运行和飞行规则（CCAR-91）[S]. 2007（2）.

[13]　交通运输部. 中国民用航空空中交通管理规则（CCAR-93-R6）[S]. 2022（11）.

[14]　全国人民代表大会常务委员会. 全国人民代表大会常务委员会关于惩治劫持航空器犯罪分子的决定[S]. 1992.

[15]　中国民航飞行学院. 航空法规汇编[S]. 2000（1）.

[16]　中国民用航空局. 中国民用航空规章(CCAR – 61、62、65、66、69、70、91、93、97、121、135、395、396、397、398部等)[S].

[17]　赵维田. 国际航空法[M]. 北京：社会科学文献出版社, 2000.

[18]　刘伟民. 航空法教程[M]. 北京：法律出版社, 2002.

[19]　曹三明, 夏兴华. 民用航空法释义[M]. 沈阳：辽宁教育出版社, 1996.

[20]　贺富永. 航空法学[M]. 北京：国防工业出版社, 2008.

[21]　马松伟, 李永. 中国民用航空法简明教程[M]. 北京：中国民航出版社, 2007.

[22]　王小卫, 吴万敏. 民用航空法概论[M]. 北京：航空工业出版社, 2007.